Johannes Paul II.

Unter deinen Schutz

W0231862

Johannes Paul II.

Unter deinen Schutz

Mariengebete
und Betrachtungen

Mit einem Vorwort
von Hans Urs von Balthasar

Herder

Freiburg · Basel · Wien

Textauswahl und –zusammenstellung von Franz Johna

Alle Rechte vorbehalten – Printed in Germany
© Verlag Herder Freiburg im Breisgau 1983
Herstellung: Freiburger Graphische Betriebe 1983
ISBN 3-451-19810-X

Vorwort

Die vorliegende Auswahl von Mariengebeten und -betrachtungen unseres Heiligen Vaters offenbart – noch über die Marienfrömmigkeit der Päpste unseres Jahrhunderts hinaus – ein ganz einmalig inniges, aber immer auf sicherer theologischer Grundlage aufruhendes Verhältnis des Nachfolgers Petri zur Mutter des Herrn. Blickt man auf die Anfänge der Kirche Jesu zurück, so erkennt man zunächst keine Beziehung zwischen Petrus, dem für die Einheit der sichtbaren Kirche unersetzlichen Bezugspunkt, und Maria, dem mütterlichen Urbild der innern, unsichtbaren Kirche, es sei denn aufgrund der geheimnisvollen Vermittlung des Liebesjüngers und Apostels Johannes, dem die Mutter anvertraut wird, und der seinerseits mit Petrus aufs engste verbunden ist (vgl. Joh 20–21; Apg 1–8). Es ist nun aber ein besonders beglückendes Schauspiel, zu sehen, wie heute diese Vermittlung zwischen den beiden vom Herrn der Kirche verfügten Einheitsprinzipien zu einem lebendigsten Verhältnis geführt hat, da wir den irdischen Vater der Christenheit unermüdlich alle Sorgen nicht nur der Kirche und der Ökumene, sondern diejenigen der gesamten Menschheit vor die „fürbittende Allmacht" der Mutter trägt und die unerträgliche Not der Welt unter ihren umfassenden Schutzmantel birgt. Dem Katholiken wird dieses unlösbare Zueinander der sichtbaren und innren Einheit der Kirche eine Stärkung seines Bewußtseins von der organischen gegenseitigen Durchdringung der „institutionellen" und der „heiligen" Kirche bedeuten; der Nicht-Katholik aber müßte daran erinnert werden, daß die vorliegende Auswahl von marianischen Gedanken keineswegs das Zentrum der Spiritualität Johannes Pauls II. darstellt, das, wie etwa seine großen Enzykliken zeigen, selbstverständlich Jesus Christus ist, der Offenbarer der Barmherzigkeit des dreieinigen Gottes, der als menschgewordener und eucharistischer diese göttliche Liebe in die ganze Menschheit verströmt. Ebensowenig wird man den großen Realisten verdächtigen, auf ein jenseitiges Idealbild starrend alle die furchtbaren Probleme der heutigen Menschheit, moralische, politische, wirtschaftliche, im geringsten zu übersehen, ihn, der mit einem Mut ohnegleichen am liebsten die schwierigsten, scheinbar hoffnungslosesten Krisenherde der Menschheit aufsucht.

Aber Maria bleibt für ihn ein wegweisender Stern: Man kann ein Leben lang auch mit dem Schwert im Herzen jeden einzelnen Tag in der Nachfolge Christi bestehen; eine schlichte Frau hat es gekonnt. So kann es mit ihrem Beistand auch jeder von uns, auch der Mann in Rom mit seiner schwersten Bürde.

Hans Urs von Balthasar

Inhalt

Das Geheimnis der Mutter

Wenn wir in dieser schwierigen und verantwortungsschweren Phase der Geschichte der Kirche und der Menschheit ein besonderes Verlangen verspüren, uns an Christus zu wenden, der Herr seiner Kirche und kraft des Geheimnisses der Erlösung auch Herr der Geschichte des Menschen ist, so glauben wir, daß niemand uns besser in die göttliche und menschliche Dimension dieses Geheimnisses einführen kann als Maria. Niemand ist wie Maria von Gott selbst in dieses Geheimnis eingeführt worden. Darin besteht der Ausnahmecharakter der Gnade der göttlichen Mutterschaft. Nicht nur die Würde dieser Mutterschaft ist in der Geschichte des Menschengeschlechtes einzigartig und unwiderholbar; einzigartig an Tiefe und Wirkung ist auch die Teilnahme Mariens aufgrund dieser Mutterschaft im göttlichen Heilsplan für den Menschen durch das Geheimnis der Erlösung.

Dieses Geheimnis hat sich sozusagen unter dem Herzen der Jungfrau von Nazaret gebildet, als sie ihr „Fiat" gesprochen hat. Von jenem Augenblick an folgt dieses jungfräuliche und zugleich mütterliche Herz unter dem besonderen Wirken des Heiligen Geistes immer dem Werk des Sohnes und nähert sich allen, die Christus in seine Arme geschlossen hat und noch ständig in seiner unerschöpflichen Liebe umarmt. Deswegen muß dieses Herz auch als Herz einer Mutter unerschöpflich sein. Das Wesen dieser mütterlichen Liebe, die die Mutter Gottes in das Geheimnis der Erlösung und in das Leben der Kirche einbringt, findet seinen Ausdruck in ihrer besonderen Nähe zum Menschen in allen wechselvollen Ereignissen seines Lebens. Darin besteht das Geheimnis der Mutter. Die Kirche, die auf sie mit einer ganz besonderen Liebe und Hoffnung schaut, möchte sich dieses Geheimnis immer tiefer aneignen. Gerade hier erkennt die Kirche wieder den Weg ihres täglichen Lebens, den ja jeder Mensch für sie bedeutet.

Die ewige Liebe des Vaters, die sich in der Geschichte der Menschheit durch den Sohn geoffenbart hat, den der Vater dahingab, „damit jeder, der an ihn glaubt, nicht verlorengeht, sondern ewiges Leben hat" (Joh 3, 16), diese Liebe nähert sich einem jeden von uns durch diese Mutter und wird so für jeden Menschen verständlicher und leichter zugänglich. Darum muß Maria auf allen Wegen des täglichen Lebens der Kirche gegenwärtig sein. Durch die Anwesenheit ihrer Mutter gewinnt die Kirche Gewißheit, daß sie wirklich das Leben ihres Meisters und Herrn lebt, daß sie das Geheimnis der Erlösung in all ihrer belebenden Tiefe und Fülle vollzieht. Die Kirche, die ihre Wurzeln in zahlreichen und verschiedenartigen Lebensbereichen der ganzen heutigen Menschheit hat, gewinnt dabei auch die Gewißheit und, so könnte man sagen, die Erfahrung, daß sie dem Menschen nahe ist, jedem einzelnen, daß es seine Kirche ist: die Kirche des Volkes Gottes.   Enzyklika „Redemptor hominis", 22

Der Engel trat bei Maria ein und sagte: „Sei gegrüßt, du Begnadete, der Herr ist mit dir." Sie erschrak über diese Anrede und überlegte, was dieser Gruß zu bedeuten habe. Da sagte der Engel zu ihr: „Fürchte dich nicht, Maria; denn du hast bei Gott Gnade gefunden. Du wirst ein Kind empfangen, einen Sohn wirst du gebären: dem sollst du den Namen Jesus geben."

Lukasevangelium, 1,28–31

Verkündigung Mariä. Fresko von Fra Angelico im Gang der Klosterzellen. Florenz, Kloster und Museo di San Marco.

Mutter, dir weihe ich die ganze Kirche

Große Mutter des Gottmenschen!
Immer haben mir die Worte viel bedeutet, die dein von
dir geborener Sohn Jesus Christus, der Erlöser der Menschen von der Höhe des Kreuzes herab zu Johannes,
dem Apostel und Evangelisten, gesprochen hat: „Dies
ist deine Mutter." Immer fand ich in diesen Worten jedes Menschen Ort – auch den meinen ...

Daher weihe ich dir, Mutter der Kirche, alles, was
diese Kirche betrifft, ihre ganze Mission und all ihr
Dienen mit dem Blick auf das ausgehende zweite Jahrtausend der Geschichte des Christentums auf Erden.

Du Kelch des Geistes! Du Sitz der Weisheit! Deiner
Fürsprache danken wir die herrliche Vision und das
Programm einer Erneuerung der Kirche in unserer Zeit,
wie sie sich in der Lehre des Zweiten Vatikanischen
Konzils ausgesagt finden. Bewirke, daß wir diese Vision
und dieses Programm in der ganzen authentischen
Wahrheit – wie sie uns der Heilige Geist als Entgelt für
unseren unnützen Dienst zu erkennen gab –, in eben
dieser Wahrheit mit Geradheit und Stärke zum Gegenstand unseres Handelns und Dienens, unserer Lehre
und Hirtensorge, unseres Apostolats machen. Damit
sich die ganze Kirche aus dieser neuen Quelle der Er-
kenntnis ihres eigenen Wesens und ihrer Sendung er-
neuere – ohne aus fremden, ohne aus vergifteten
„Zisternen" zu schöpfen (vgl. Jer 8, 14).

Laß uns in diesem großen Werk immer tiefer unseren Brüdern im Glauben begegnen, mit denen uns soviel verbindet, wenngleich uns noch manches trennt. Laß uns durch all das, wodurch wir einander kennenlernen, durch gegenseitige Achtung und Liebe, durch gemeinsames Handeln in vielen Bereichen, nach und nach den göttlichen Entwurf dieser Einheit finden, in den wir selbst eingehen und alle hineinführen sollen, damit der eine Schafstall Christus erkennt und seine Einheit auf Erden erfährt. O Mutter der Einheit, lehre uns immerfort die Wege, die zu ihm führen!

Erlaube uns weiterhin, zur Begegnung mit allen Menschen und Völkern auszuziehen, die auf den Wegen verschiedener Religionen Gott suchen und ihm dienen möchten. Hilf uns, allen Christus offenbar zu machen und „Gottes Kraft und Gottes Weisheit" (vgl. 1 Kor 1, 24) zu beweisen, die in seinem Kreuz verborgen ist: du, die ihn als erste in Betlehem nicht nur den schlichten und gläubigen Hirten zeigte, sondern auch den Weisen aus fernen Landen.

Mutter des guten Rates! Zeige uns immer, wie wir dem Menschen und der Menschheit in jeder Nation dienen, wie wir sie auf dem Weg des Geistes führen sollen, wie Gerechtigkeit und Friede in einer von vielen Seiten ständig bedrohten Welt zu sichern sind. Wie sehr verlangt es mich, dir alle diese schwierigen Fragen der Gesellschaft, der Systeme und der Staaten anzuvertrauen, Fragen, die durch Haß, Krieg und Selbstvernichtung nicht zu lösen sind, sondern allein auf dem Wege des Friedens, der Gerechtigkeit und der Achtung der Rechte der Menschen und der Völker.

O Mutter der Kirche! Laß diese Kirche sich der Freiheit und des Friedens in Erfüllung ihrer Heilssendung erfreuen! Laß sie in diesem Ziel eine neue Reife des

Glaubens und der inneren Einheit gewinnen! Gib uns, Widerstände und Schwierigkeiten zu überwinden! Hilf uns, die ganze Einfachheit und Würde christlicher Berufung neu zu sehen! Laß es nicht an „Arbeitern im Weinberg des Herrn" fehlen! Segne die Familien! Wache über die Seelen der Jugendlichen und die Herzen der Kinder! Sei unsere Hilfe in der Überwindung aller sittlichen Bedrohungen, die die Kernzellen des Lebens und der Liebe bedrängen! Verleihe uns, daß wir immerfort die ganze Schönheit des Zeugnisses erneuern, das dem Kreuze und der Auferstehung deines Sohnes gilt! Wie groß ist die Zahl der Probleme, die ich zur Sprache bringen, beim Namen nennen sollte! Ich weihe sie dir alle, Mutter, so wie du selbst sie am besten kennst und empfindest.

Dir, Mutter, weihe ich diese ganze Kirche, ich, ihr erster Diener, und gebe sie dir anheim – mit grenzenlosem Vertrauen. Amen. Tschenstochau, Jasna Góra, 4. 6. 1979

Erhabene Mutter der Kirche! Dir weihe ich mich nochmals als Knecht Deiner mütterlichen Liebe": „Totus tuus" – „Ganz dir zu eigen!" Dir weihe ich die ganze Kirche – bis an die Grenzen der Erde! Dir weihe ich die Menschheit und alle Menschen – meine Brüder – alle Völker und Nationen. Dir weihe ich Europa und alle anderen Erdteile. Dir weihe ich Rom und Polen, durch deinen Diener mit einem neuen Band der Liebe vereint.

Mutter, nimm uns an!

Mutter, verlasse uns nicht!

Mutter, führe uns! Tschenstochau, Jasna Góra, 6. 6. 1979

Mutter Gottes

Mutter Gottes. Wenn wir heute diesen vom Mysterium erfüllten Ausdruck wiederholen, kehren wir im Geist zum unfaßbaren Augenblick der Menschwerdung zurück, und wir bekennen gemeinsam mit der ganzen Kirche, daß die Jungfrau zur Mutter Gottes wurde, weil sie dem Fleisch nach einen Sohn geboren hat, der in seiner Person das Wort Gottes war. Welcher Abgrund der Herablassung Gottes tut sich hier vor uns auf!

Sogleich kommt uns eine Frage in den Sinn: Warum wollte das Wort Gottes lieber aus einer Frau geboren werden (vgl. Gal 4, 4) als mit einem erwachsenen, von der Hand Gottes gebildeten Leib vom Himmel herabsteigen (vgl. Gen 2, 7)? Wäre das nicht seiner würdiger, seiner Sendung als Lehrer und Erlöser der Menschheit angemessener gewesen? Wir wissen, daß vor allem während der ersten Jahrhunderte viele Christen (Doketen, Gnostiker u. a.) diese Sachlage vorgezogen hätten. Das Wort Gottes hat jedoch einen anderen Weg eingeschlossen. Warum?

Die Antwort auf diese Frage wird uns mit der klaren und überzeugenden Einfachheit der Werke Gottes gegeben. Christus wollte ein echter Sproß aus dem Wurzelstock sein (vgl. Jes 11, 1), den zu retten er kam. Er wollte, daß die Erlösung gleichsam dem Herzen der Menschheit selbst entspringe. Christus wollte dem

Menschen nicht als Fremder, sondern als Bruder zu Hilfe kommen, indem er sich in allem ihm gleich machte, ausgenommen in der Sünde (vgl. Hebr 4, 15). Darum wollte er auch eine Mutter, und er fand sie in der Person Mariens. Die grundlegende Sendung des Mädchens aus Nazaret war es also, Bindeglied zwischen dem Erlöser und dem Menschengeschlecht zu sein.

In der Heilsgeschichte vollzieht sich das Wirken Gottes aber nicht, ohne daß die Menschen zum Mittun aufgerufen wären: Gott zwingt das Heil nicht auf. Er hat es auch Maria nicht aufgezwungen. Im Augenblick der Verkündigung wendet er sich persönlich an sie, er fordert ihre Willensentscheidung und erwartet eine aus dem Glauben kommende Antwort. Die Kirchenväter haben diesen Aspekt sehr gut erfaßt, wenn sie hervorheben, daß „die heilige Maria auch ihren Glauben an den, den sie zur Welt bringen sollte, ihn auch durch einen Akt des Glaubens empfangen hat" (Augustinus, Sermo 215, 4).

Das „Fiat" der Verkündigung eröffnet also den Neuen Bund zwischen Gott und seinem Geschöpf: indem dieses „Fiat" Jesus der menschlichen Natur nach in unsere Geschlechterreihe eingliedert, gliedert es Maria in Jesus gemäß der Heilsordnung ein. Das durch die Sünde zerrissene Band zwischen Gott und der Menschheit ist nun glücklich wiederhergestellt. Ephesus, 30. 11. 1979

17

Mutter des ganzen Christus

Die rückhaltlose und unbedingte Zustimmung der „Magd des Herrn" (Lk 1,38) zum Plan Gottes war eine freie und bewußte Entscheidung. Maria war bereit, Mutter des Messias zu werden, der kam, um „sein Volk von seinen Sünden zu erlösen" (Mt 1,21; vgl. Lk 1,31). Das war keineswegs eine bloße Zustimmung zur Geburt Jesu, sondern vielmehr eine verantwortungsbewußte Entscheidung zur Teilnahme am Heilswerk, das zu vollbringen er kommen wollte.

Die Worte des „Magnificat" stellen einen äußerst klaren Beweis für diese bewußte Haltung dar: „Er nimmt sich seines Knechtes Israel an – sagt Maria – und denkt an sein Erbarmen, das er unseren Vätern verheißen hat, Abraham und seinen Nachkommen auf ewig" (Lk 1,54–55).

Mit ihrem „Fiat" wird Maria nicht nur Mutter des historischen Christus: ihre Geste macht sie zur Mutter des ganzen Christus, als „Mutter der Kirche". „Vom Augenblick des ‚Fiat' an", bemerkt der heilige Anselm, „begann Maria uns in ihrem Schoß zu tragen"; deshalb „ist die Geburt des Hauptes auch die Geburt des Leibes", ruft der heilige Leo der Große aus. Auch der heilige Ephräm hat hier einen sehr schönen Ausdruck geprägt: Maria, sagt er, ist „die Erde, in welche die Kirche gesät wurde".

Tatsächlich ist von dem Augenblick an, in dem die

Jungfrau Mutter des fleischgewordenen Wortes wird, die Kirche gegründet – auf geheimnisvolle Weise, aber vollkommen in ihrem Keim, in ihrem Wesen als mystischer Leib, sind doch der Erlöser und die erste der Erlösten gegenwärtig. Die Engliederung in Christus schließt nunmehr die Kindschaft nicht nur zum himmlischen Vater, sondern auch zu Maria, der irdischen Mutter des Sohnes Gottes, ein. Ephesus, 30. 11. 1979

Abbild der Kirche

Jede Mutter gibt etwas von ihrem Aussehen an ihre Kinder weiter; deshalb besteht zwischen Maria und der Kirche eine tiefe Ähnlichkeit. Maria ist das Idealbild, die Verkörperung, das Urbild der Kirche. In ihr vollzieht sich der Übergang vom alten zum neuen Gottesvolk, von Israel zur Kirche. Sie ist die erste der Demütigen und Armen, die treu geblieben sind und der Erlösung harren; sie ist auch die erste der Erlösten, die in Demut und Gehorsam den Erlöser in seiner Ankunft aufnehmen. Die orientalische Theologie hat großes Gewicht auf die „Katharsis" gelegt, die im Augenblick der Verkündigung in Maria vor sich geht: es möge hier genügen, an den tiefempfundenen Kommentar zu erinnern, den der heilige Gregor Palamas in einer seiner Homilien macht: „Du bist schon heilig und voll der Gnade, o Jungfrau, sagt der Engel zu Maria. Aber der Heilige Geist wird von neuem auf dich herabkommen und dich durch eine Vermehrung der Gnade auf das göttliche Geheimnis vorbereiten" (Homilie zum Fest der Verkündigung).

Doch mit Recht finden wir in der Liturgie, mit der die Ostkirche das Lob Mariens singt, an bevorzugter Stelle auch das Lied, das Maria, die Schwester Moses, beim Durchgang durch das Rote Meer sang, um gleichsam anzudeuten, daß die Jungfrau Maria als erste durch die Wasser der Sünde hindurchging an der Spitze des neuen von Christus befreiten Gottesvolkes.

Maria ist die erste Frucht und das vollkommenste Abbild der Kirche: „ein sehr edler Teil, ein hervorragender Teil, ein bemerkenswerter Teil, ein wahrhaft auserwählter Teil" (Rupert, In apoc.) ... Auch bleibt Maria in den Augen aller Gläubigen das ganz reine, ganz schöne, ganz heilige Geschöpf, das fähig ist, „Kirche zu sein", wie kein Geschöpf hier auf Erden es je sein kann. Ephesus, 30. 11. 1979

Allen Menschen verbunden

Die Kirche gliedert das Geheimnis der „ihre Mutterschaft erwartenden Jungfrau" in den Ablauf ihrer Liturgie ein. Sie stellt vor dem Hintergrund des Geheimnisses jener Monate, die den Augenblick der Geburt mit jenem der Empfängnis verbinden, über die ganze geistliche Dimension der Mutterschaft Mariens Betrachtungen an.

Diese geistliche Mutterschaft begann zugleich mit der leiblichen Mutterschaft. Bei der Verkündigung führte Maria mit dem Engel folgendes Gespräch: „Wie soll das geschehen, da ich keinen Mann erkenne?" (Lk 1, 34). Der Engel antwortete: „Der Heilige Geist wird über dich kommen, und die Kraft des Höchsten wird dich überschatten. Deshalb wird auch das Kind heilig und Sohn Gottes genannt werden" (Lk 1, 35). Zugleich mit der leiblichen Mutterschaft begann ihre geistliche Mutterschaft.

So erfüllte sie die neun Monate der Erwartung der Geburt ebenso wie die dreißig Jahre, die sie zwischen Betlehem, Ägypten und Nazaret verbrachte, sowie die späteren Jahre, als Jesus nach Verlassen des Elternhauses in Nazaret die Frohbotschaft vom Reich Gottes verkündete, die Jahre, welche im Geschehen von Kalvaria, am Kreuz ihren Abschluß finden. Hier hat die geistliche Mutterschaft in gewissem Sinne ihre volle Bedeutung erlangt. „Als Jesus seine Mutter sah und bei ihr

*Für uns Menschen und zu unserem Heil ist er vom Him-
mel gekommen, hat Fleisch angenommen durch den
Heiligen Geist von der Jungfrau Maria und ist Mensch
geworden.* Aus dem Glaubensbekenntnis

Geburt Christi. Altarbild des Magdalenen-Meisters, um 1280.
Florenz, Galleria dell' Academia.

den Jünger, den er liebte, sagte er zu seiner Mutter: ‚Frau, dies ist dein Sohn'" (Joh 19,26). So hat er sie, seine eigene Mutter, auf neue Weise dem Menschen verbunden, dem Menschen, dem er das Evangelium übergeben hat. Er hat sie so allen Menschen verbunden. Er hat sie mit der Kirche verbunden am Tag ihrer geschichtlichen Geburtsstunde, dem Pfingstfest. Seit jenem Tag hat die ganze Kirche Maria zur Mutter. Und alle Menschen haben sie zur Mutter. Sie begreifen, daß die vom Kreuz herab gesprochenen Worte an jeden gerichtet sind. Mutter aller Menschen.

Die geistliche Mutterschaft kennt keine Grenzen. Sie erstreckt sich über Zeit und Raum. Sie erreicht viele Menschenherzen. Sie erreicht ganze Völker. Die Mutterschaft ist ein bevorzugtes, vielleicht das häufigste Thema für den schöpferischen menschlichen Geist. Sie ist ein entscheidendes Element im Denken vieler Menschen. Sie ist der Schlüsselpunkt menschlicher Kultur. Mutterschaft: großartige, herrliche, grundlegende menschliche Wirklichkeit, von Anfang an mit dem Namen des Schöpfers selber benannt. Wiederaufgenommen im Geheimnis der Geburt Gottes in der Zeit. In diesem Geheimnis ist sie beschlossen, mit ihm untrennbar verbunden. Rom, 10. 1. 1979

Mutter der Menschen und der Völker

O Maria, die du so tief und mütterlich der Kirche verbunden bist, die du dem ganzen Gottesvolk voranleuchtest auf den Wegen des Glaubens, der Hoffnung und der Liebe, umfange alle Menschen, die durch dieses zeitliche Leben den ewigen Zielen entgegenpilgern, mit jener Liebe, welche der göttliche Erlöser selbst, dein Sohn, vom Kreuz herab in dein Herz strömen ließ! Sei du die Mutter all unserer Erdenwege, auch wenn sie verschlungen sind, damit wir uns am Ende alle wiederfinden in jener großen Gemeinschaft, die dein Sohn einst seine Herde nannte und für die er als der Gute Hirt sein Leben hingab!

O Maria, die du die erste Dienerin der Einheit des Leibes Christi bist, hilf uns, hilf allen Gläubigen, die das Drama der geschichtlichen Spaltungen der Christenheit so schmerzlich empfinden – hilf uns, beharrlich den Weg der vollkommenen Einheit des Leibes Christi zu suchen in der bedingungslosen Treue zum Geist der Wahrheit und der Liebe, den uns dein Sohn durch sein Leiden und Sterben verdient hat!

O Mutter der Menschen und der Völker, du kennst all ihre Leiden und Hoffnungen, du fühlst mit mütterlicher Anteilnahme alles Kämpfen zwischen Gut und Böse, zwischen dem Licht und der Dunkelheit, von der die Welt befallen ist – erhöre unseren Ruf, den wir im Heiligen Geist unmittelbar an dein Herz richten. Umfange mit der Liebe der Mutter und der Magd des Herrn jene, die diese liebende Zuneigung am meisten ersehnen, und zugleich auch diejenigen, auf deren Vertrauen du besonders wartest! Nimm die ganze Menschheitsfamilie, die wir mit liebender Hingabe dir, o Mutter, anvertrauen, unter deinen mütterlichen Schutz. Mögen allen Menschen Zeiten des Friedens und der Freiheit, Zeiten der Wahrheit, der Gerechtigkeit und der Hoffnung beschieden sein!

O Mutter Jesu, die du mit Leib und Seele im Himmel schon verherrlicht bist als Bild und Anfang der Kirche, die ihre Vollendung im künftigen Äon finden soll, höre nicht auf, hier auf Erden bis zum Anbruch des Tages des Herrn (vgl. 2 Petr 3, 10) vor dem pilgernden Gottesvolk als Stern der Hoffnung und des Trostes zu erstrahlen (vgl. Lumen gentium, 68)!

Gott Heiliger Geist! Du wirst mit dem Vater und dem Sohn angebetet und verherrlicht. Nimm diese Worte demütigen Vertrauens entgegen, die wir an dich aus dem Herzen der Jungfrau Maria richten, deiner Braut, der Mutter des Erlösers, die auch die Kirche ihre Mutter nennt, weil sie seit jener pfingstlichen Stunde im Abendmahlssaal an ihr die eigene mütterliche Berufung erkennt. Nimm an diese Worte der pilgernden Kirche, die wir die inmitten der Mühen, Freuden, Ängste und Hoffnungen vortragen, Worte demütigen und zuversichtlichen Vertrauens, Worte, mit denen die Kirche – im Abendmahlsaal am Pfingstfest dir, dem Geist des Vaters und des Sohnes, für immer anvertraut – ohne Unterlaß zusammen mit dir ihrem göttlichen Bräutigam zuruft: Komm!

Auch wir wollen darum heute rufen: „Komm!" und uns dabei deiner mütterlichen Fürsprache anvertrauen, o gütige, o milde, o süße Jungfrau Maria. Rom, 7. 6. 1981

27

Mutter des Gekreuzigten

Die Erbarmungen des Herrn will ich ewig besingen (vgl. Ps 89, 2). In diesen österlichen Worten der Kirche klingen – in der Fülle ihres prophetischen Gehaltes – die Worte Marias nach, die sie bei der Begegnung mit Elisabet, der Frau des Zacharias, gesprochen hatte: „Er erbarmt sich von Geschlecht zu Geschlecht" (Lk 1, 50). Sie eröffnen schon vom Anfang der Menschwerdung an eine neue Perspektive der Heilsgeschichte.

Nach der Auferstehung Christi wird diese Sicht in geschichtlicher, aber auch zugleich in eschatologischer Betrachtung neu. Seither lösen in immer größeren Dimensionen immer neue Geschlechter der riesigen Menschheitsfamilie einander ab; und auch im Volk Gottes folgen einander neue Geschlechter, welche die Male des Kreuzes und der Auferstehung tragen, das „Siegel" (vgl. 2 Kor 21 f.) des Pascha-Geheimnisses Christi, der absoluten Offenbarung jenes Erbarmens, das Maria auf der Schwelle des Hauses ihrer Verwandten pries: „Er erbarmt sich von Geschlecht zu Geschlecht" (Lk 1, 50).

Maria hat auch auf besondere und außerordentliche Weise – wie sonst niemand – das Erbarmen Gottes erfahren und ebenso auf außerordentliche Weise mit dem Opfer des Herzens ihr Teilnehmen an der Offenbarung des göttlichen Erbarmens möglich gemacht. Dieses Opfer ist eng an das Kreuz des Sohnes gebunden, unter das sie als Mutter gestellt war; es ist eine einzigartige Teilnahme an der Selbstoffenbarung des Erbarmens, das heißt an der absoluten Treue Gottes zu seiner Liebe, zu seinem Bund mit dem Menschen, dem Volk und der Menschheit, den er von Ewigkeit her wollte und den er in der Zeit geschlossen hat; es ist die Teilnahme an jener Offenbarung, die im Kreuz ihren Höhepunkt gefunden hat.

Niemand hat so wie die Mutter des Gekreuzigten das Geheimnis des Kreuzes erfahren, diese erschütternde Begegnung der transzendenten göttlichen Gerechtigkeit mit der Liebe, diesen „Kuß", den die Gerechtigkeit vom Erbarmen bekommt (vgl. Ps 85, 11). Niemand hat wie Maria dieses Geheimnis mit dem Herzen aufgenommen: die wahrhaft göttliche Dimension der Erlösung, die sich vollzog durch den Tod des Gottessohnes auf Golgota zusammen mit dem Opfer ihres mütterlichen Herzens, zusammen mit ihrem endgültigen „Fiat". Enzyklika „Dives in misericordia", 9

Mutter des Menschen

Und von jener Stunde an nahm sie der Jünger zu sich
(Joh 19,27). Der Name jenes Jüngers war Johannes. Ge-
rade er, Johannes, Sohn des Zebedäus, Apostel und
Evangelist, hörte vom Kreuz herab die Worte Christi:
„Siehe, deine Mutter." Zuvor hatte Christus zu seiner
Mutter gesagt: „Frau, siehe, dein Sohn."

Dies war ein wunderbares Testament. Beim Verlassen dieser Welt gab Jesus seiner Mutter einen Menschen, der für sie wie ein Sohn sein sollte: Johannes:
Ihn vertraute er ihr an. Und infolge dieses Geschenkes
und dieser Überantwortung wurde Maria die Mutter
des Johannes. Die Gottesmutter ist Mutter des Menschen geworden.

Von jener Stunde an nahm Johannes sie zu sich und
wurde der irdische Beschützer der Mutter seines Meisters; es ist ja Recht und Pflicht der Söhne, für ihre
Mutter zu sorgen. Vor allem aber wurde Johannes
durch den Willen Christi der Sohn der Gottesmutter.
Ja, in Johannes wurde jeder Mensch zu ihrem Sohn ...

Seit der Stunde, da Jesus, am Kreuze sterbend, zu Johannes sprach: „Siehe, deine Mutter", und seit dem
Tage, da „der Jünger sie zu sich nahm", hat sich das Geheimnis der geistigen Mutterschaft Mariens in einer
grenzenlosen Weite geschichtlich verwirklicht. Mutterschaft bedeutet Sorge für das Leben des Kindes.
Wenn nun Maria die Mutter aller Menschen ist, dann

ist ihre Sorge für das Leben des Menschen auf alle gerichtet. Die Sorge einer Mutter umfaßt den ganzen Menschen. Die Mutterschaft Mariens beginnt mit ihrer mütterlichen Sorge für ihren Sohn Jesus. Für ihn hat sie unter dem Kreuz Johannes angenommen und hat so jeden Menschen und den ganzen Menschen angenommen. Im Heiligen Geist umfängt Maria alle mit einer einzigartigen Sorge. Er ist es ja, wie wir im Credo bekennen, der „das Leben gibt". Er gibt die Fülle des Lebens, das zur Ewigkeit führt.

Die geistige Mutterschaft Mariens ist deshalb eine Teilhabe an der Kraft des Heiligen Geistes, an dem, der „das Leben gibt". Zugleich ist sie der demütige Dienst derer, die von sich sagt: „Siehe, ich bin die Magd des Herrn" (Lk 1, 38).

Im Lichte des Geheimnisses der geistigen Mutterschaft Mariens versuchen wir die außerordentliche Botschaft zu verstehen, die von Fátima aus mit dem 13. Mai 1917 in der Welt zu erschallen begann und über fünf Monate hin bis zum 13. Oktober desselben Jahres weiter zu hören war ...

Wenn die Kirche die Botschaft von Fátima angenommen hat, dann vor allem darum, weil sie eine Wahrheit und einen Ruf enthält, die in ihrem wesentlichen Inhalt die Wahrheit und der Ruf des Evangeliums selbst sind.

„Kehrt um, (tut Buße) und glaubt an das Evangelium!" (Mk 1, 15): das sind die ersten Worte des Messias, die er an die Menschheit richtet. Die Botschaft von Fátima ist in ihrem wesentlichen Kern der Ruf zur Umkehr und Buße, wie im Evangelium. Dieser Ruf ist zu Beginn des 20. Jahrhunderts ergangen; er richtet sich darum in besonderer Weise an dieses Jahrhundert. Die Hohe Frau dieser Botschaft liest gleichsam die „Zeichen der Zeit" mit besonderer Eindringlichkeit, die Zeichen unserer Zeit!

Der Ruf zur Buße ist mütterlich sanft und zugleich stark und bestimmt. Die Liebe, die sich „an der Wahrheit freut" (vgl. 1 Kor 13, 6), versteht es, klar und entschieden zu sein. Der Ruf zur Buße verbindet sich wie immer mit dem Ruf zum Gebet. In Übereinstimmung mit der Tradition vieler Jahrhunderte weist die Frau der Botschaft von Fátima auf den Rosenkranz hin, den man zu Recht „das Gebet Mariens" nennen kann: das Gebet, durch das sie sich in vorzüglicher Weise mit uns verbunden fühlt. Sie selbst betet mit uns. Dieses Gebet umfaßt die Probleme der Kirche, auch die des Heiligen Stuhls, die Probleme der ganzen Welt. Ferner wird an die Sünder erinnert, damit sie sich bekehren und gerettet werden, sowie an die Seelen der Verstorbenen im Fegfeuer. Fátima, 13. 5.1982

Das Herz der Mutter

Christus sagte am Kreuz: „Frau, siehe, dein Sohn." Mit diesem Wort eröffnete er in neuer Weise das Herz seiner Mutter. Wenig später durchbohrte die Lanze des Soldaten die Seite des Gekreuzigten. Dieses durchbohrte Herz wurde Zeichen der im Tod des Lammes geschehenen Erlösung.

Das unbefleckte Herz Mariens, das durch die Worte „Frau, siehe, dein Sohn" geöffnet wurde, steht in geistlicher Verbindung zum Herzen des Sohnes, das von der Lanze des Soldaten geöffnet wurde. Das Herz Mariens ist von derselben Liebe zum Menschen und zur Welt geöffnet worden, mit welcher Christus den Menschen und die Welt geliebt hat und sich am Kreuz dahingab bis zum Lanzenstoß des Soldaten.

Die Welt dem unbefleckten Herzen Mariens weihen heißt, daß wir uns mit der Fürsprache dieser Mutter dem Lebensquell selber nahen, der auf Golgota entsprang. Aus dieser Quelle sprudelt unablässig Erlösung und Gnade. Ständig geschieht in ihr Genugtuung für die Sünden der Welt. Fortwährend ist sie Ursprung neuen Lebens und neuer Heiligkeit.

Die Welt dem unbefleckten Herzen der Mutter weihen heißt: sich wieder unter das Kreuz ihres Sohnes stellen, ja diese Welt dem durchbohrten Herzen des Heilandes weihen, sie wieder zur Quelle der Erlösung bringen. Die Erlösung ist immer größer als die Sünde.

des Menschen und die „Sünde der Welt". Die Macht der Erlösung übersteigt unendlich alle Formen des Bösen im Menschen und in der Welt.

Das Herz der Mutter weiß darum wie sonst keines im ganzen Kosmos, dem sichtbaren und dem unsichtbaren. Und deshalb ruft sie! Und zwar nicht nur zur Umkehr; sie ruft, daß wir uns von ihr, der Mutter, helfen lassen bei der Rückkehr zur Quelle der Erlösung.

Sich Maria weihen heißt: sich von ihr helfen lassen bei der Überantwortung seiner selbst und der Menschheit an Ihn, der heilig ist, unendlich heilig; das heißt, sich helfen lassen von ihr, deren Mutterherz unter dem Kreuz für die Liebe zu jedem Menschen, zur ganzen Welt geöffnet wurde; sich helfen lassen, die Welt, den Menschen, die Menschheit, alle Völker dem unendlich Heiligen darzubringen. Die Heiligkeit Gottes wurde offenbar in der Erlösung des Menschen, der Völker, der ganzen Welt; und diese Erlösung geschah durch das Opfer am Kreuz. „Für sie heilige ich mich", hatte Jesus gesagt (Joh 17, 19). Durch die Macht der Erlösung wurden Welt und Mensch geheiligt, dem unendlich Heiligen geweiht. Sie wurden der erbarmenden Liebe selbst dargebracht und anvertraut.

Die Mutter Christi lädt uns nachdrücklich ein, uns in dieser Weihe der Welt mit der Kirche des lebendigen Gottes zu verbinden in jener Überantwortung, durch welche die Welt, die Menschheit, die Völker, jeder einzelne in der Kraft der Erlösungstat Christi dem ewigen Vater dargebracht werden – im durchbohrten Herzen des gekreuzigten Erlösers.

Die Mutter des Erlösers mahnt und verhilft zu diesem Mitvollzug der Weihe, der Überantwortung der Welt, der uns dem durchbohrten Herzen des Gekreuzigten aufs innigste verbindet. Fátima, 13. 5. 1982

Als Jesus seine Mutter sah und bei ihr den Jünger, den er liebte, sagte er zu seiner Mutter: Frau, siehe, dein Sohn! Dann sagte er zu dem Jünger: Siehe, deine Mutter! Johannesevangelium 19,26 f

Kreuzigung. Tafelbild von Lucas Cranach d. Ä., 1503. München, Alte Pinakothek.

Freu dich, du Himmelskönigin – Mutter des Auferstandenen

Freu dich, du Himmelskönigin – Halleluja! Den du zu tragen würdig warst – Halleluja! Er ist auferstanden, wie er gesagt hat – Halleluja! Bitt Gott für uns – Halleluja!

In der Osterzeit dürfen wir uns mit Worten der reinsten Freude an die Mutter des auferstandenen Christus wenden, mit den Worten, mit denen die Kirche sie grüßt. Der Monat Mai ermutigt uns, besonders an Maria zu denken und von ihr zu sprechen. In der Tat ist das ihr Monat.

In ihrer Osterantiphon „Regina caeli" spricht die Kirche zu der Mutter, der das Glück beschieden war, den Sohn Gottes und unseren Erlöser in ihrem Schoß, unter ihrem Herzen und dann in ihren Armen zu tragen. Zum letzten Mal hielt sie ihn in ihren Armen, als man ihn auf Golgota vom Kreuz abnahm. Vor ihren Augen hüllte man ihn in ein Leichentuch und trug ihn zu Grabe. Vor den Augen der Mutter! Und siehe, am dritten Tag fand man das Grab leer. Aber sie war nicht die erste, die das bemerkte. Vor ihr waren die „drei Marien" dort, darunter vor allem Maria von Magdala, die bekehrte Sünderin. Kurz danach erfuhren es die Jünger von den Frauen. Auch wenn uns die Evangelien nichts über einen Besuch der Mutter Christi am Ort seiner Auferstehung berichten, glauben wir doch alle, daß sie wohl zuerst dort gewesen sein muß. Sie mußte als erste am Mysterium der Auferstehung teilnehmen, weil das das Recht der Mutter war.

Die Liturgie der Kirche achtet dieses Recht der Mutter, wenn sie an sie diese besondere Aufforderung zur Freude über die Auferstehung richtet: Laetare – Freue dich! Resurrexit sicut dixit – Er ist auferstanden, wie er gesagt hat! Und sogleich fügt dieselbe Antiphon die Fürbitte hinzu: Ora pro nobis Deum. – Bitte Gott für uns! Die Offenbarung der göttlichen Macht des Sohnes durch die Auferstehung ist gleichzeitig die Offenbarung der fürbittenden Allmacht (omnipotentia supplex) Mariens bei diesem Sohn …

Die Gegenwart Mariens im Geheimnis der Kirche – das heißt zugleich im täglichen Leben des Gottesvolkes in der ganzen Welt – ist vor allem eine mütterliche Gegenwart. Maria gibt sozusagen dem Erlösungswerk ihres Sohnes und der Sendung der Kirche eine besondere Form: die mütterliche. Alles, was man in der Sprache der Menschen zur besonderen Eigenart der Frau und Mutter sagen kann, all das findet sich bei ihr.

Immer ist Maria die vollkommenste Erfüllung des Heilsmysteriums – von der unbefleckten Empfängnis bis zur Aufnahme in den Himmel –, und stets ist sie eine machtvolle Vorankündigung dieses Geheimnisses. Sie offenbart das Heil und bringt die Gnade auch denen nahe, die ganz gleichgültig und fernstehend zu sein scheinen. Der Welt, die zugleich mit ihrem Fortschritt ihren Verfall und ihr Altern sichtbar werden läßt, ist sie unaufhörlich „der Beginn einer besseren Welt", wie Paul VI. sich ausdrückte … „Dem modernen Menschen" – schrieb der dahingeschiedene Papst – „… bietet die Jungfrau Maria … Worte, die aufrichten und stärken: sie bürgt dafür, daß die Hoffnung die Angst, die Gemeinschaft die Vereinsamung, der Friede die

Verwirrung, die Freude den Überdruß, die Schönheit den Ekel ... das Leben den Tod besiegt" (Paul VI., Apostolisches Schreiben „Marialis cultus", 57).

Ihr, Maria, der Mutter der schönen Liebe, möchte ich vor allem die Jugend der ganzen Welt und der ganzen Kirche nahebringen. Sie trägt in sich ein unauslöschliches Zeichen der Jugend und Schönheit, das nie vergeht. Ich wünsche und ich bete, daß die jungen Menschen sich ihr nähern, daß sie Vertrauen zu ihr haben, daß sie ihr das Leben anvertrauen, das vor ihnen liegt; daß sie ihr eine schlichte, warme, von Herzen kommende Liebe entgegenbringen. Sie allein vermag auf diese Liebe am besten zu antworten:

„Folge ihr, und du gehst nicht in die Irre; bitte sie, und du verzweifelst nicht; denke an sie, und du gehst nicht fehl; ... rufe sie an, und du gelangst ans Ziel ..." (hl. Bernhard, Homilia II super Missus est, XVII).

Rom, 2. Mai 1979

Unter deinen Schutz

Unter deinen Schutz und Schirm fliehen wir, o heilige Gottesmutter! Mit den Worten dieses Gebetes auf den Lippen, mit denen sich die Kirche Christi seit Jahrhunderten an dich wendet, knie ich heute an diesem Ort, den du, Mutter, erwählt hast und in besonderer Weise liebst ...

O Mutter der Menschen und Völker, die du „alle ihre Leiden und Hoffnungen kennst" und mit mütterlichem Herzen an allen Kämpfen zwischen Gut und Böse, zwischen Licht und Finsternis, die unsere heutige Welt erschüttern, Anteil nimmst, höre unser Rufen, das wir unter dem Antrieb des Heiligen Geistes direkt an dein Herz richten, und umfange mit deiner mütterlichen und dienenden Liebe diese unsere Welt, die wir dir anvertrauen und weihen, erfüllt von Sorge um das irdische Heil der Menschen und Völker. Vor allem überantworten und weihen wir dir jene Menschen und Völker, die dieser Überantwortung und Weihe besonders bedürfen.

„Unter deinen Schutz und Schirm fliehen wir, o heilige Gottesmutter! Verschmähe nicht unser Gebet in unseren Nöten!" Verschmähe es nicht! Nimm an den Akt unseres demütigen Vertrauens und unserer Überantwortung!

„Gott hat die Welt so sehr geliebt, daß er seinen einzigen Sohn hingab, damit jeder, der an ihn glaubt, nicht zugrunde geht, sondern das ewige Leben hat" (Joh 3, 16). Diese Liebe hat bewirkt, daß der Gottessohn sich selbst geweiht hat: „Für sie heilige ich mich, damit auch sie in der Wahrheit geheiligt sind" (Joh 17, 19). Kraft dieser Weihe sind die Jünger aller Zeiten dazu berufen, sich für die Rettung der Welt einzusetzen und für den Leib Christi, die Kirche, zu ergänzen, was an seinen Leiden noch fehlt (vgl. 2 Kor 12, 15; Kol 1, 24).

Vor dir, Mutter Christi, vor deinem unbefleckten Herzen, möchte ich mich heute zusammen mit der ganzen Kirche unserem Erlöser in dieser seiner Heiligung für die Welt und die Menschen verbinden; nur in seinem göttlichen Herzen findet ja solche Heiligung die Kraft, Verzeihung zu erlangen und Sühne zu leisten ...

Mutter der Kirche! Erleuchte das Volk Gottes auf den Wegen des Glaubens, der Hoffnung und der Liebe! Hilf uns, die Wahrheit der Weihe Christi für die gesamte Menschheitsfamilie und die heutige Welt in ihrer ganzen Fülle zu leben!

Wenn wir dir, o Mutter, die Welt, alle Menschen und alle Völker, anvertrauen, so vertrauen wir dir dabei auch diese unsere Weihe für die Welt an und legen sie in dein mütterliches Herz.

O unbeflecktes Herz, hilf uns, die Gefahr des Bösen zu überwinden, das sich so leicht in den Herzen der heutigen Menschen einnistet und dessen unvorstellbare Auswirkungen über unserer Gegenwart lasten und den Weg in die Zukunft zu versperren scheinen.

Von Hunger und Krieg: befreie uns!

Von Atomkrieg, unkontrollierbarer Selbstzerstörung und jeder Art des Krieges: befreie uns!

Von den Sünden gegen das Leben des Menschen von seinen Anfängen an: befreie uns!

Vom Haß und von der Mißachtung der Würde der Söhne und Töchter Gottes: befreie uns!

Von jeder Ungerechtigkeit im sozialen, nationalen und internationalen Leben: befreie uns!

Von leichtfertiger Übertretung der Gebote Gottes: befreie uns!

Vom Versuch, in den Herzen der Menschen die Wahrheit Gottes zu ersticken: befreie uns!

Von den Sünden gegen den Heiligen Geist: befreie uns, befreie uns!

Höre, Mutter Christi, diesen Hilfeschrei, in welchem die Not aller Menschen zu dir ruft, die Not ganzer Völker!

Noch einmal zeige sich in der Geschichte der Welt die unendliche Macht der erbarmenden Liebe. Daß sie dem Bösen Einhalt gebiete! Daß sie die Gewissen wandle! In deinem unbefleckten Herzen offenbare sich allen das Licht der Hoffnung!   Fátima, 13. 5. 1982

Maria, Himmelskönigin,
der Engel hohe Herrscherin,
o Wurzel, der das Heil entsprießt,
du Tor des Lichtes, sei gegrüßt.

Freu dich, du bist an Ehren reich,
dir ist an Gnaden keine gleich.
Ach bitt für uns an Gottes Thron
bei Jesus deinem lieben Sohn.

Lobgesang aus dem 11. Jahrhundert

Thronende Muttergottes mit Kind (Notre Dame de la Belle Verrière),
um 1150. Chartres, Kathedrale.

Mutter des göttlichen Erbarmens

Maria kennt am tiefsten das Geheimnis des göttlichen Erbarmens. Sie kennt seinen Preis und weiß, wie hoch er ist. In diesem Sinn nennen wir sie auch Mutter der Barmherzigkeit, Unsere Liebe Frau vom Erbarmen oder Mutter des göttlichen Erbarmens. Diese Namen haben einen tiefen theologischen Gehalt; denn Maria besaß die besondere Fähigkeit der Seele und der ganzen Persönlichkeit, in den verworrenen Ereignissen der Geschichte Israels und dann des Menschen und der ganzen Menschheit jenes Erbarmen wahrzunehmen, das uns nach dem ewigen Heilsratschluß der heiligsten Dreifaltigkeit „von Geschlecht zu Geschlecht" (Lk 1, 50) geschenkt wird.

Vor allem aber meinen die genannten Titel, welche wir der Mutter Gottes zuerkennen, sie als die Mutter des Gekreuzigten und Auferstandenen; denn nachdem sie in außergewöhnlicher Weise das Erbarmen erfahren hatte, „verdient" sie in gleicher Weise dieses Erbarmen während ihres ganzen irdischen Lebens und vor allem unter dem Kreuz ihres Sohnes; schließlich wurde sie durch die verborgene und zugleich einzigartige Teilnahme an der messianischen Aufgabe ihres Sohnes ganz besonders dazu berufen, den Menschen die Liebe nahezubringen, die zu offenbaren er gekommen war: die Liebe, die am konkretesten gegenüber den Leidenden, den Armen, den ihrer eigenen Freiheit Beraubten, den Blinden, den Unterdrückten und den Sündern sichtbar wird, wie Christus nach der Prophetie des Jesaja zuerst in der Synagoge von Nazaret (vgl. Lk 4, 18) und dann in der Antwort auf die Frage der Abgesandten Johannes' des Täufers verkündigte (Lk 7, 22).

Gerade an dieser „sich erbarmenden" Liebe, die vor allem bei der Begegnung mit dem moralischen und physischen Übel wirksam wird, hatte das Herz derer, die dem Gekreuzigten und Auferstandenen Mutter war, in außergewöhnlicher Weise Anteil. In ihr und durch sie offenbart sich die erbarmende Liebe weiterhin in der Geschichte der Kirche und der Menschheit. Diese Offenbarung ist deshalb besonders fruchtbar, weil sie sich in Maria auf das einzigartige Taktgefühl ihres mütterlichen Herzens gründet, auf ihre besondere Empfindsamkeit und die Fähigkeit, alle Menschen zu erreichen, welche die erbarmende Liebe leichter von seiten einer Mutter annehmen. Das ist eines der großen und lebenspendenden Geheimnisse des Christentums, dem Geheimnis der Menschwerdung innig verbunden.   Enzyklika „Dives in misericordia", 9

Hilfe der Christen

Die Vorsehung ruft uns unaufhörlich dazu auf, die „Zeichen der Zeit" mit Scharfsinn zu lesen …

Die Zeichen der Zeit gebieten uns, die Pläne Gottes zu lesen, indem wir auf die ursprünglichen und ältesten Worte zurückgehen.

Finden sich darunter etwa nicht auch die Worte aus dem Buch Genesis: „Feindschaft stifte ich zwischen dir und der Frau, zwischen deinem Nachwuchs und ihrem Nachwuchs. Er trifft dich am Kopf, und du triffst ihn an der Ferse …" (Gen 3, 15)?

Die Zeichen der Zeit zeigen an, daß wir uns mitten in einem heftigen Kampf zwischen Gut und Böse befinden, zwischen der Bejahung und der Leugnung Gottes, der Leugnung seiner Gegenwart in der Welt und des Heils, das in ihm seinen Anfang und sein Ende hat.

Weisen uns diese Zeichen etwa nicht auf die Frau hin, mit der zusammen wir uns dem Ende des Zeitabschnitts nähern sollten, der mit dem ausgehenden Jahrhundert und Jahrtausend vorgezeichnet ist? Sollten wir nicht mit ihr zusammen die Nöte bewältigen, von denen unsere Zeit erfüllt ist? Sollten wir nicht in ihr jene Stärke und jene Hoffnung wiederfinden, die aus dem Herzen des Evangeliums geboren werden?

„Bei Gott ist nichts unmöglich!" …

Gehen wir, vereint mit der hohen Frau, mit Maria.

Rom, Santa Maria Maggiore, 8. 12. 1981

15

Mutter des Friedens

Der erste Tag des neuen Jahres ist der Tag der Mutter. Wir sehen sie in so vielen Bildern und Skulpturen, mit dem Kind auf den Armen, mit dem Kind an der Brust. Sie, die Mutter, die den Sohn Gottes geboren und genährt hat, die Mutter Christi. Es gibt kein Bild, das so bekannt ist und das in so einfacher Form vom Geheimnis der Geburt des Herrn spricht als das der Mutter mit dem Jesuskind auf den Armen. Ist dieses Bild nicht die Quelle unseres besonderen Vertrauens? Erlaubt nicht gerade dieses Bild, in der Atmosphäre der Geheimnisse unseres Glaubens zu leben und sie als „göttliche" und gleichzeitig als „menschliche" zu betrachten?

Aber es gibt noch eine andere Darstellung der Mutter mit dem Sohn in den Armen. Sie findet sich hier in Sankt Peter: die „Pietà". Maria mit Jesus, der vom Kreuz abgenommen worden ist; mit Jesus, der vor ihren Augen auf Golgota gestorben ist und den sie nach seinem Tod wieder in ihre Arme nahm, in die Arme, die ihn in Betlehem als Heiland der Welt darstellten. Ich möchte also heute unser Gebet für den Frieden mit diesen beiden Bildern verbinden ... So bete ich:

Mutter, du weißt, was es bedeutet, in deinen Armen den toten Leib deines Sohnes zu halten, dem du das Leben geschenkt hast.

Verschone alle Mütter dieser Erde vor dem Tod ihrer Kinder, vor Folterungen, Sklaverei, Kriegszerstörung,

Verfolgung, Konzentrationslager und Kerker! Bewahre ihnen die Freude an der Geburt, Erhaltung und Entwicklung des Menschen und seines Lebens!

Im Namen dieses Lebens, im Namen der Geburt des Herrn erflehe uns den Frieden und die Gerechtigkeit des Herrn!

Mutter des Friedens, wir bitten dich, stehe uns in jedem Augenblick bei, mach, daß dieses neue Jahr ein Jahr des Friedens sei, durch die Geburt und den Tod deines Sohnes! Amen. *Vatikan, Sankt Peter, 1. 1. 1979*

Schenke den Völkern Frieden

O makellose Jungfrau,
Mutter des wahren Gottes und Mutter der Kirche,
die du an diesem Ort deine Milde
und Barmherzigkeit allen erwiesen hast,
die um dein Erbarmen gefleht haben:
erhöre unser Gebet, das wir
mit kindlichem Vertrauen an dich richten,
und trage es vor das Angesicht deines Sohnes Jesus,
unseres einzigen Erlösers.

Mutter der Barmherzigkeit, die du uns das stille,
verborgene Opfer lehrst,
die du uns, den Sündern, entgegenkommst,
dir weihen wir heute unser ganzes Sein
und unsere ganze Liebe.
Dir weihen wir unser Leben, unsere Arbeit,
unsere Freuden, unsere Leiden und Schmerzen.

Schenke unseren Völkern Frieden,
Gerechtigkeit und Wohlergehen,
denn alles, was wir sind und was wir haben,
stellen wir unter deinen Schutz, o Mutter und Herrin.

Wir wollen ganz dein sein
und mit dir den Weg rückhaltloser Treue
zu Christus und seiner Kirche gehen,
auf dem du uns mit liebender Hand führst.

Jungfrau von Guadalupe, Mutter Amerikas,
… bitte für uns,
daß der Herr im ganzen Gottesvolk
den Hunger nach Heiligkeit wecke
und ihm zahlreiche Priester- und Ordensberufe
schenke, die stark im Glauben und eifrig
im Austeilen der Mysterien Gottes sind.

Schenke unseren Familien Gnade,
das werdende Leben zu lieben und zu achten
mit der gleichen Liebe, mit der du das Leben
des Gottessohnes in deinem Schoß empfangen hast.
Heilige Jungfrau Maria, Mutter der schönen Liebe,
beschütze unsere Familien, damit sie stets geeint seien,
und segne die Erziehung unserer Kinder.

Du, unsere Hoffnung, blicke auf uns voll Erbarmen,
lehre uns, unablässig Christus entgegenzugehen,
und wenn wir fallen, hilf uns aufstehen
und durch das Bekenntnis unserer Schuld
und Sünden im Sakrament der Buße
wieder zu ihm zurückzukehren.
Schenke uns, wir bitten dich,
eine große Liebe zu allen heiligen Sakramenten,
die wie Spuren sind,
die dein Sohn auf Erden hinterlassen hat.

So können wir, heiligste Mutter,
mit einem Gewissen, das in Frieden mit Gott ist,
mit Herzen, frei von Haß und Bösem,
allen die wahre Freude
und den wahren Frieden bringen,
der von deinem Sohn, unserem Herrn Jesus Christus,
ausgeht, von ihm, der mit dem Vater
und dem Heiligen Geist lebt und herrscht
in Ewigkeit. Amen.   Guadalupe/Mexiko, 27. 1. 1979

Trösterin, Helferin, Königin der Welt

Regina caeli, laetare – Freu dich, du Himmelskönigin!

Alle, die wir heute dir, Maria, Trösterin, Helferin, hohe Gottesmutter, anvertrauen, nehmen ihrerseits an dem gegenwärtigen Abschnitt der Geschichte der Welt und der Kirche teil. Durch die Herzen aller geht der geheimnisvolle Strom der Heilsgeschichte des Menschen, die den ewigen Absichten der Liebe des Vaters entspricht. Und gleichzeitig geht in denselben Herzen, auf dieser Erde, der Kampf zwischen Gut und Böse weiter, an dem der Mensch seit dem Sündenfall teilnimmt.

O unsere Mutter und Herrin! Am Anfang der Heilsgeschichte hat der ewige Vater den Entschluß gefaßt und dich, Unbefleckte, auserwählt als Mutter des menschgewordenen Wortes. Und am Anfang dieses Kampfes zwischen Gut und Böse hat er dich zu der Frau bestimmt, die der Schlange den Kopf zertreten soll (vgl. Joh 3, 15). So hat er deine demütige Mutterschaft zum Zeichen der Hoffnung für alle gesetzt, die in diesem Kampf, in diesem Ringen bei deinem Sohn ausharren und das Böse durch das Gute besiegen wollen.

Wir Menschen am Ende des zweiten Jahrtausends spüren zutiefst diesen Kampf. Die Geschehnisse, in die wir verwickelt werden, machen uns ständig deutlich, wie bedrohlich in uns und um uns die Kräfte der Sünde, des Hasses, der Grausamkeit und des Todes sind. Wenden wir daher von neuem unseren Blick der

Mutter des Erlösers der Welt zu, der Frau der Geheimen Offenbarung des Johannes, der „Frau, mit der Sonne bekleidet" (Offb 12, 1), in der wir dich erkennen, erfüllt von strahlendem Licht, das die dunklen und gefahrvollen Abschnitte der Erdenwege des Menschen erleuchtet.

O Mutter, dieses Gebet und diese Hingabe, die wir noch einmal erneuern, sollen dir alles über uns sagen. Sie sollen uns zu dir hinführen, Mutter Gottes und der Menschen – Trösterin, Helferin, Hohe Gottesmutter und unsere Mutter – und dich näher zu uns bringen.

Laß die Brüder und Schwestern deines Sohnes nicht zugrunde gehen! Schenke unseren Herzen die Kraft der Wahrheit! Schenke unserem Leben Frieden und Ordnung!

Erweise dich als unsere Mutter!

Regina caeli, laetare! Turin, 17. 4. 1980

Sei gegrüßt, Mutter, Königin der Welt.
Du bist die Mutter der schönen Liebe.
Du bist die Mutter Jesu und Quelle aller Gnade,
Duft aller Tugend, Spiegel aller Reinheit.

Du bist Freude in der Trauer,
Sieg in der Schlacht, Hoffnung im Tod.
Wie zärtlich klingt dein Name auf unseren Lippen,
welcher Wohllaut dringt an unser Ohr,
welche Seligkeit in unserem Herzen!

Du bist der Trost der Leidenden,
die Krone der Märtyrer, die Schönheit der Jungfrauen.
Wir flehen zu dir:
Führe uns nach dieser Verbannung
zur Anschauung deines Sohnes. Amen. Rom, 1. 6. 1979

Mutter der Gnaden

Sei gegrüßt, Mutter der Gnaden von Altötting! ... Ich vertraue dir heute vor allem die Kirche an, die seit vielen Jahrhunderten in diesem Lande besteht und eine große Glaubensgemeinschaft bildet inmitten der Völker, die dieselbe Sprache sprechen. Dir, Mutter, empfehle ich die gesamte Geschichte dieser Kirche und ihre Aufgaben in der heutigen Welt: ihre vielfältigen Initiativen und ihren unermüdlichen Dienst für alle Landsleute in ihrem Vaterland wie auch für so viele Gemeinschaften und Kirchen in aller Welt, denen die Christen Deutschlands so bereitwillig und hochherzig Hilfe leisten ...

Mutter Christi, der vor seinen Leiden gebetet hat: „Vater ... alle sollen eins sein" (Joh 17, 11.21), wie sehr ist mein Weg durch die deutschen Lande gerade in diesem Jahr mit der drängenden und demütigen Sehnsucht nach Einheit unter den Christen verbunden, die seit dem 16. Jahrhundert getrennt sind! Kann einer inniger als du wünschen, daß sich das Gebet Christi im Abendmahlssaal erfülle? Und wenn wir selbst dabei bekennen müssen, mitschuldig an der Spaltung geworden zu sein, und heute um eine neue Einheit in der Liebe und Wahrheit beten, dürfen wir dann nicht hoffen, daß du, Mutter Christi, zusammen mit uns betest? Dürfen wir nicht hoffen, daß die Frucht dieses Gebetes zur gegebenen Zeit einmal das Geschenk jener „Ge-

O Maria, sei gegrüßt,
die du voller Gnade bist;
sei gegrüßt, du höchste Zier:
Gott der Herr ist selbst mit dir.

Mutter Gottes, liebe Frau,
auf uns arme Sünder schau;
bitt für uns bei deinem Sohn,
daß er uns im Tod verschon.

Philipp von Schönborn

Der Gnadenaltar (17. Jh.) mit dem Gnadenbild (um 1300) in der Heiligen Kapelle zu Altötting.

meinschaft des Heiligen Geistes" (2 Kor 13,13) sein wird, die unerläßlich ist, „damit die Welt glaubt" (Joh 17,21)?

Dir, Mutter, vertraue ich die Zukunft des Glaubens in diesem alten christlichen Land an; und eingedenk der Bedrängnisse des letzten furchtbaren Krieges, der besonders den Völkern Europas so tiefe Wunden zugefügt hat, vertraue ich dir den Frieden in der Welt an. Unter diesen Völkern möge eine neue Ordnung entstehen, die sich auf die volle Achtung der Rechte einer jeden Nation und eines jeden Menschen in seiner Nation gründet, eine wahrhaft sittliche Ordnung, in der die Völker zusammenleben können wie in einer Familie durch den gebührenden Ausgleich von Gerechtigkeit und Freiheit.   Altötting, 18. 11. 1980

Begegne uns immer öfter!

Mutter Christi!
Am Fest deiner unbefleckten Empfängnis, am Tag, da die Kirche des Geheimnisses deiner außerordentlichen Erwählung durch Gott gedenkt, wollen wir dir aufs neue unsere Verehrung und Liebe bezeugen.
Unsere Mutter!
Wir wollen zu dir – so, wie man zur Mutter spricht – über all das sprechen, was Gegenstand unserer Hoffnungen, aber auch unserer Sorgen, unserer Freuden, aber auch unseres Kummers ist, über unsere Ängste und das, was uns bedroht.

Können wir das alles zum Ausdruck bringen und beim Namen nennen?

Es würde zuviel Zeit erfordern. Es wäre gleichsam eine lange Litanei der Fragen und Probleme, die den heutigen Menschen, die Nationen, die ganze Menschheit quälen. Nachrichten aus allen Teilen der Welt über Kriege, Gewalttaten, Terrorakte, Unglücksfälle und Naturkatastrophen, die in unzähligen Familien Opfer und Trauer hinterlassen, geben Anlaß zu besonderer Sorge ... Andere Probleme bleiben tief im Innern des menschlichen Herzens und Bewußtseins.

Jeder von uns trägt viele Sorgen und viele Probleme hierher, die ihn selbst, seine Familie, seine Umgebung betreffen oder die Gemeinschaft, mit der er verbunden ist oder für die er sich verantwortlich fühlt.

Auch wenn wir es nicht laut aussprechen, du, o Mutter, weißt es besser, denn die Mutter weiß immer ...

Du, o Mutter, weißt besser, welches die Probleme der Kirche und der heutigen Welt sind, mit denen wir heute zu dir kommen.

Nimm sie an! Nimm an und erhöre doch dieses unser Gebet ohne Worte! Und nimm vor allem unsere herzliche Dankbarkeit an dafür, daß du bei uns bist, daß du uns alle Tage begegnest.

Und bleibe!

Sei noch näher bei uns!

Begegne uns immer öfter, denn das haben wir sehr nötig. Sprich zu uns mit deiner Mütterlichkeit, mit deiner Schlichtheit und Heiligkeit.

Sprich zu uns mit deiner unbefleckten Empfängnis! Sprich fortwährend zu uns!

Und erwirke uns – auch dann, wenn wir fern sind – die Gnade, nicht das Empfinden für deine Gegenwart unter uns zu verlieren. Amen. Rom, Piazza di Spagna, 8. 12. 1980

Vorbild der Hoffnung

Wir betrachten Maria heute, um an ihrem Beispiel Kirche bauen zu lernen. Wir wissen, daß wir dazu vor allem unter ihrer Führung in der Übung des Glaubens fortschreiten müssen. Maria hat ihren Glauben ständig vertieft und unablässig neu entdeckt, während sie schwierige und dunkle Augenblicke durchlebte, angefangen von den ersten Tagen ihrer Mutterschaft (vgl. Mt 1, 18 ff.): Augenblicke, die sie dank einer verantwortungsbewußten Haltung des gehorsamen Hörens auf das Wort Gottes meistern konnte.

Auch wir müssen uns bemühen, unseren Glauben durch das Hören auf das Wort Gottes, durch seine Aufnahme, seine Verkündigung und seine Verehrung zu vertiefen und zu festigen; wir müssen unseren Glauben stärken durch eine aufmerksame Prüfung der Zeichen der Zeit im Licht dieses Wortes und durch die Auslegung und Vollendung des historischen Geschehens (vgl. Paul VI., Apostolisches Schreiben „Marialis cultus", 17).

Maria steht vor uns als ein Vorbild mutiger Hoffnung und tätiger Nächstenliebe: Sie beschritt ihren Weg voll Hoffnung und mit wacher Bereitschaft, indem sie von der jüdischen zur christlichen Hoffnung überging; sie lebte die Liebe und nahm deren Forderungen an bis zur vollständigen Selbstentäußerung und zum größten Opfer.

Ihrem Vorbild treu, muß auch unsere Hoffnung unerschütterlich sein, selbst dann, wenn sich Gewitterwolken über der Kirche zusammenziehen, die wie ein Schiff inmitten der oft unheildrohenden Wogen der Ereignisse dieser Welt dahinsegelt; auch wir müssen in der Liebe wachsen, indem wir Demut, Armut, Dienstbereitschaft und die Fähigkeit des aufmerksamen Zuhörens entfalten, indem wir dem Beispiel folgen, das sie uns durch das Zeugnis ihres ganzen Lebens gegeben hat.

Eine Verpflichtung insbesondere wollen wir heute zu Füßen derer auf uns nehmen, die wir gemeinsam als Mutter haben: ich meine die Verpflichtung, mit allen Kräften und mit rückhaltloser Bereitschaft für die Anregungen des Heiligen Geistes auf dem Weg weiterzuschreiten, der zur vollkommenen Einheit aller Christen führt.   Ephesus, 30. 11. 1979

Nimm an unsere Hingabe

Du, unsere Mutter!
Dir bringen wir das ganze Gottesvolk dar. Dir weihen
wir die Kirche der ganzen Welt. Wir bieten sie dir an
als dein Eigentum. Du, die du in den Herzen der Menschen Eingang gefunden hast, mache diese Herzen zu
deiner bleibenden Wohnstätte jetzt und auch in Zukunft.

Sei stets gegenwärtig in unseren Familien, in unseren
Pfarreien, in unseren Missionen und Diözesen und in
allen Völkern.

Dies geschehe durch die heilige Kirche, die, indem
sie dich, die Mutter, nachahmt, selbst eine gute Mutter
zu sein wünscht. Sie möchte den Gläubigen in allen ihren Nöten beistehen dadurch, daß sie das Evangelium
verkündet, die Sakramente spendet, das Leben der Familien durch das Sakrament der Ehe schützt, alle durch
das Sakrament des Altares in der eucharistischen Gemeinschaft vereint und sie von der Wiege bis zum Eintritt in die Ewigkeit in Liebe begleitet.

Du, unsere Mutter!

Wecke in den jungen Generationen die Bereitschaft
zum vorbehaltlosen Dienst für Gott. Erflehe uns genü-
gend Berufungen zum Priestertum und Ordensleben.

Du, unsere Mutter!

Mach, daß wir dir in Wahrheit und Gerechtigkeit zu
dienen vermögen.

Mach, daß wir selbst diesem Weg folgen und andere darauf führen, ohne uns jemals auf Abwege zu verirren und die anderen mitzureißen.

Königin der Apostel!

Nimm an unsere Bereitschaft, der Sache deines Sohnes, der Sache des Evangeliums und des Friedens, die auf der Gerechtigkeit und der Liebe zwischen den Menschen und den Völkern gegründet ist, vorbehaltlos zu dienen.

Königin des Friedens!

Bewahre die Nationen und Völker der ganzen Welt, die so sehr auf dich vertrauen, vor Kriegen, Haß und Gewalt.

Mach, daß alle, Regierende und Staatsbürger, lernen, in Frieden zu leben, sich zum Frieden zu erziehen und zu tun, was die Gerechtigkeit und die Achtung der Rechte eines jeden Menschen fordern, damit sich der Friede festigt.

Nimm an diese unsere vertrauensvolle Hingabe, du Magd des Herrn.

Möge deine mütterliche Gegenwart im Geheimnis Christi und der Kirche sich in eine Quelle der Freude und der Freiheit für jeden einzelnen und für alle verwandeln; Quelle jener Freiheit, zu der „Christus uns geführt hat" (Gal 5, 1), und jenes Friedens, den die Welt nicht geben kann, den nur einer gibt, Christus (vgl. Joh 14, 27). Amen.   Zapopan/Mexiko, 30. 1. 1979

Mutter der Priester

Christus hat seinen Lieblingsjünger, der als einer der Zwölf im Abendmahlssaal die Worte gehört hatte: „Tut dies zu meinem Andenken" (Lk 22,19), vom Kreuze herab seiner Mutter anvertraut, indem er zu ihr sagte: „Dies ist dein Sohn" (Joh 19,26). Er, der am Gründonnerstag die Vollmacht zur Feier der heiligen Eucharistie empfangen hatte, wurde mit diesen Worten des sterbenden Erlösers seiner eigenen Mutter als „Sohn" geschenkt. Daher haben wir alle, die wir in der Priesterweihe die gleiche Vollmacht empfangen, in gewissem Sinn als erste ein Recht darauf, in ihr unsere Mutter zu sehen.

Es ist daher mein Wunsch, daß ihr alle zusammen mit mir in Maria die Mutter des Priestertums findet, das ihr wie ich von Christus empfangen habt. Ich möchte ferner, daß ihr Maria in besonderer Weise euer Priestertum anempfehlt. Erlaubt mir, daß ich es selber tue, indem ich jeden von euch – ohne Ausnahme – feierlich und zugleich schlicht und in aller Demut der Mutter Christi anvertraue. Sodann bitte ich euch, liebe Brüder, daß jeder von euch persönlich das gleiche tun möge, wie das eigene Herz es ihm eingibt, vor allem die persönliche Liebe zu Christus, dem Priester, aber auch die eigene Schwachheit, die uns in dem Maße bewußt wird, wie unser Verlangen nach Dienstbereitschaft und Heiligkeit wächst. Ich bitte euch darum!

Die Kirche von heute spricht von sich selber vor allem in der Dogmatischen Konstitution „Lumen Gentium". Auch dort, im letzten Kapitel (VII), bekennt sie, daß sie auf Maria als die Mutter Christi schaut, weil sie sich selber Mutter nennt und Mutter sein möchte, indem sie die Menschen zum neuen Leben für Gott gebiert.

Liebe Brüder, und wie nahe steht gerade ihr diesem Werk Gottes! Wie tief ist euer Beruf, euer Dienst und eure Sendung davon geprägt!

Deswegen müßt ihr inmitten des ganzen Volkes Gottes, das mit so großer Liebe und Hoffnung seine Augen auf Maria richtet, mit noch größerer Hoffnung und Liebe auf Maria schauen. Eure Aufgabe ist es ja, Christus zu verkündigen, der ihr Sohn ist: wer aber wird euch besser die Wahrheit über ihn vermitteln können als seine Mutter? Ihr sollt die Herzen der Menschen mit Christus nähren; wer aber kann euch das, was ihr tut, tiefer erkennen lassen als jene, die ihn selber genährt hat? „Wahrer Leib, o sei gegrüßet, den Maria uns gebar."

Zu unserem Dienst-Priestertum gehört die herrliche und prägende Auszeichnung der Nähe zur Mutter Christi. Bemühen wir uns also, diese Auszeichnung zu leben. Wenn man auch auf eigene Erfahrung hinweisen darf, so kann ich euch sagen, daß ich mich bei dem, was ich euch hier schreibe, vor allem auf meine persönlichen Erfahrungen beziehe. Schreiben an die Priester, 11

Mutter des „Heiligen Hauses"

Jedes Haus ist vor allem Heiligtum der Mutter. Die Kinder der menschlichen Familie müssen, wenn sie auf die Welt kommen, ein Dach über dem Kopf, ein Haus haben. Das Haus in Nazaret war jedoch nicht der Ort, in dem der Sohn Mariä und Gottessohn zur Welt kam ... Wie ein Landfremder ist er in Betlehem in einem Stall geboren. Und er konnte nicht in das Haus in Nazaret zurückkehren, weil er vor der Grausamkeit des Herodes aus Betlehem nach Ägypten fliehen mußte; erst nach dem Tod des Königs wagte es Josef, Maria mit dem Kind in das Haus nach Nazaret zu bringen.

Von da an war jenes Haus der Ort des täglichen Lebens, der Ort des verborgenen Lebens des Messias; das Haus der Heiligen Familie. Es war der erste Tempel, die erste Kirche, von der Mutter Gottes mit dem Licht ihrer Mütterlichkeit erleuchtet. Die Mutter Gottes erleuchtete dieses Haus mit ihrem Licht, das von dem großen Geheimnis der Menschwerdung, dem Geheimnis ihres Sohnes, ausging ...

Inmitten der Umwälzungen der Geschichte, deren Hauptakteure die Menschen, vor allem die Völker und Nationen sind, bleibt stets das Haus gleichsam die Bundeslade der Generationen und die Hüterin der tiefsten Werte: der menschlichen und göttlichen Werte ...

Man muß wirklich dafür arbeiten und zusammenar-

Sei gegrüßt, du lichter Meeresstern,
Gottes hohe Mutter,
Jungfrau, die der Höchste sich erwählt,
sel'ges Tor des Himmels.

Steh uns immerdar als Mutter bei,
daß durch dich uns höre,
der in deinem Schoße Wohnung nahm,
Mensch für uns zu werden.

Lobgebet aus dem 9. Jahrhundert

Madonna mit der Wickenblüte. Altarbild der Kölner Schule, um
1415 – 20. Köln, Wallraf-Richartz-Museum und Museum Ludwig.

beiten, damit auf der Erde, die die Vorsehung zur Wohnstatt der Menschen bestimmt hat, das Heim der Familie, Symbol der Einheit und der Liebe, alles besiegt, was die Einheit und Liebe der Menschen untereinander bedroht: Haß, Grausamkeit, Zerstörung, Krieg …

In unserer schwierigen Zeit und auch in den kommenden Zeiten kann den Menschen einzig und allein die wahre, große Liebe retten!

Nur durch sie kann diese Erde, die Wohnstätte der Menschheit, zu einem Heim werden: zum Haus der Familien, zum Haus der Nationen, zum Haus der ganzen Menschheitsfamilie.

Ohne Liebe, ohne große, wahre Liebe gibt es für den Menschen auf Erden kein Heim. Der Mensch wäre verurteilt, in Armseligkeit zu leben, auch wenn er die herrlichsten Gebäude errichtete und sie so modern als möglich ausstattete.

Nimm, o Herrin von Loreto, Mutter des „Heiligen Hauses", diese meine und unsere Pilgerfahrt an, die ein großes gemeinsames Gebet für das Haus des Menschen unserer Zeit ist: für das Haus, das alle Erdenkinder auf das ewige Haus des Vaters im Himmel vorbereitet. Amen. Loreto, 8. 9. 1979

Gesegnet ist die Frucht deines Leibes

Gegrüßet seist du ...

Ihr kennt die Worte dieses Grußes. Gewiß habt ihr sie selbst mehr als einmal gesprochen oder sie von anderen gehört: „Du bist gesegnet unter den Frauen, und gesegnet ist die Frucht deines Leibes" (Lk 1, 42).

Dieser Gruß gilt einer Frau, die in ihrem Schoß einen Menschen trägt: die Frucht des Lebens und den Anfang des Lebens. Diese Frau kommt von weither, aus Nazaret, und betritt soeben das Haus ihrer Verwandten, zu denen sie zu Besuch gekommen ist. Von der Schwelle des Hauses hört sie: „Selig ist die, die geglaubt hat, daß sich erfüllt, was der Herr ihr sagen ließ!" (Lk 1, 45).

Am letzten Tag des Monats Mai gedenkt die Kirche dieses Besuches und dieser Worte; sie grüßt Maria, die Mutter Jesu Christi. Sie erweist ihrer Mutterschaft Ehre, als diese noch ein Geheimnis ihres Schoßes und ihres Herzens ist.

Der Mutterschaft Ehre erweisen heißt: den Menschen in seiner vollen Wahrheit und in seiner vollen Würde annehmen, und das vom ersten Augenblick seines Daseins an. Der Anfang des Menschen ist im Herzen seiner Mutter. Alles, was wir sind, nimmt hier seinen Anfang.

Das erste Maß der Würde des Menschen, die erste Vorbedingung für die Achtung der unverletzlichen

Rechte der menschlichen Person ist die Ehre, die der Mutter gebührt. Es ist die Hochhaltung der Mutterschaft ...

An der Schwelle des Hauses des Zacharias sagt Elisabet zu Maria: Gesegnet bist du, die du geglaubt hast (vgl. Lk 1, 45). Erweisen wir der Mutterschaft Ehre, weil in ihr der Glaube an den Menschen zum Ausdruck kommt ... Der Akt des Glaubens an den Menschen ist die Tatsache, daß seine Eltern ihm das Leben schenken. Die Mutter trägt ihn in ihrem Schoß und ist bereit, alle Schmerzen der Niederkunft zu ertragen; dadurch verkündet sie mit ihrem ganzen Ich als Frau, mit ihrem ganzen Ich als Mutter ihren Glauben an den Menschen. Sie legt Zeugnis ab für den Wert, der in ihr ist und der sie zugleich übersteigt, für den Wert dessen, was noch unbekannt, eben erst empfangen und noch im Schoße seiner Mutter verborgen, geboren werden und sich der Welt als Kind seiner Eltern, als Bestätigung ihres Menschseins, als Frucht ihrer Liebe, als Zukunft der Familie kundtun soll: der Familie im engsten Sinne und zugleich der gesamten Menschheitsfamilie.

... Mutterschaft bedeutet immer auch Schmerzen – die Liebe wird mit Leiden bezahlt, und es kommt vor, daß diese Liebe noch größer sein muß als selbst der Geburtsschmerz. Dieser Schmerz kann sich auf das ganze Leben des Kindes erstrecken. Der Wert des Menschseins wird auch durch die Kinder und durch die Menschen bestätigt, bei denen eine Verzögerung und Behinderung der Entwicklung und manchmal ein schmerzlicher Verfall eintritt ...

Das ist ein Grund mehr, zu sagen, daß es nicht genügt, den Menschen nach allen biophysiologischen Kriterien zu bestimmen, und daß man von Anfang an an den Menschen glauben muß.

Selig bist du, Maria, die du geglaubt hast! Er, den du unter deinem Herzen trägst als die Frucht deines Leibes, wird in der Nacht von Betlehem zur Welt kommen. Er wird dann den Menschen das Evangelium verkünden und das Kreuz besteigen. Denn dafür ist er in die Welt gekommen, um Zeugnis zu geben von der Wahrheit. In ihm wird die Wahrheit vom Menschen, das Geheimnis des Menschen, seine letzte und höchste Berufung bis ins letzte offenkundig werden: die Berufung jedes Menschen, auch des Menschen, dessen Menschsein vielleicht keine vollkommene und normale Entwicklung erreicht; jedes Menschen, ohne Berücksichtigung seiner Qualifikation und seines Intelligenzgrades, seiner Empfindungsfähigkeit oder körperlichen Leistungsfähigkeit, sondern aufgrund seines Menschseins, der Tatsache, daß er Mensch ist. Denn, dank seinem Menschsein ist er Abbild und Ebenbild des unendlichen Gottes.   Paris, Saint-Denis, 31. 5. 1979

Mut zum Glauben

Selig ist die, die geglaubt hat, daß sich erfüllt, was der Herr ihr sagen ließ (Lk 1, 45). So spricht Elisabet, als sie den Gruß der Gottesmutter erwidert. Es sind Worte, die ihr vom Heiligen Geist eingegeben wurden (vgl. Lk 1, 41). Sie lassen die Haupttugend Mariens in klarem Licht erscheinen: den Glauben ...

Der Glaube erlaubte es Maria, sich ohne Furcht der unerforschten Tiefe des Heilsplans Gottes zu überlassen: es war nicht leicht zu glauben, daß Gott „Fleisch werden" und „mitten unter uns wohnen" könnte (vgl. Joh 1, 14), daß er sich also in der Bedeutungslosigkeit unseres Alltags verbergen wollte, indem er unsere menschliche Gebrechlichkeit annimmt und sich so vielen und so demütigenden Bedingungen unterwirft. Maria hatte den Mut, an diesen „unmöglichen" Plan zu glauben, sie vertraute dem Allmächtigen und wurde zur wichtigsten Mitwirkenden bei jener einzigartigen göttlichen Initiative, die unsere Geschichte wieder der Hoffnung geöffnet hat ...

Ein Vorgeschmack [ewiger] Freude ist schon hier auf Erden den „Kleinen" gewährt, denen der Vater seine Pläne offenbart (vgl. Mt 11, 25). Die Schar dieser „Kleinen", die die Weisheit Gottes im Herzen tragen, wird von Maria angeführt. Deshalb war sie in der Lage, vor Elisabet das „Magnificat" zu sprechen, das all die Jahrhunderte hindurch der reinste Ausdruck der

Freude geblieben ist, die in jeder gläubigen Seele erblüht.

Es ist die Freude, die dem bewundernden Staunen über die Allmacht Gottes entspringt, der „große Dinge" vollbringt, trotz der Unzulänglichkeit der menschlichen Werkzeuge (vgl. Lk 1, 47–49). Es ist die Freude über die höhere Gerechtigkeit Gottes, der „die Mächtigen vom Thron stürzt und die Niedrigen erhöht. Die Hungernden beschenkt er mit seinen Gaben und läßt die Reichen leer ausgehen" (Lk 1, 52 f.) ...

Das ist das Lied Mariens. Es soll zum Lobpreis aller Tage unseres Lebens werden: es gibt tatsächlich keine menschliche Situation, die hier nicht seine Deutung fände. Die heilige Jungfrau spricht diese Worte, während sich in ihrem Herzen die Fragen nach den Reaktionen ihres Bräutigams verdichten, der noch nichts von dem göttlichen Eingreifen weiß, und vor allem die Fragen nach der Zukunft dieses Sohnes, auf der beunruhigende prophetische Worte lasten (vgl. Jes 53).

Wir können das „Magnificat" voll innerer geistlicher Freude singen, wenn wir versuchen, die Haltung Mariens nachzuahmen: ihren Glauben, ihre Demut, ihre Reinheit. Es gibt ein schönes Wort von Ambrosius, mit dem uns der heilige Bischof von Mailand eben dazu ermahnt: „Möge in jedem die Seele Mariens sein, um den Herrn zu loben und zu preisen, in jedem der Geist Mariens, um sich im Herrn zu freuen; wenn auch nur eine die leibliche Mutter Christi sein kann, gebären im Glauben alle Seelen Christus, empfängt jede Seele das Wort Gottes, vorausgesetzt, daß sie, unbefleckt von allem Makel und frei von Sünde, voll unbescholtener Scham die Keuschheit bewahrt" (Expos. Ev. sec. Lucam II, 26). Rom, Sankt Peter, 11. 2. 1981

Zustimmung aus dem Glauben

Ja, ich komme ... deinen Willen zu tun, mein Gott
(vgl. Ps 40,8 f., Hebr 10,7). „Ja, ich bin die Magd des
Herrn" (Lk 1,38). Worte des göttlichen Wortes, das in
die Welt kommt, und Worte Mariens, die dessen An-
kündigung empfängt ...

Maria gibt dem verkündenden Engel ihre Zustimmung. Die Stelle bei Lukas ist trotz ihrer nüchternen
Kürze äußerst reich an biblischem Inhalt aus dem Alten Testament und durch die unerhörte Neuheit der
christlichen Offenbarung: Hauptperson ist eine Frau,
die Frau schlechthin (vgl. Joh 2,4; 19,26), von Ewigkeit
her dazu erwählt, die erste unentbehrliche Gehilfin am
göttlichen Heilsplan zu sein. Sie ist die 'almah, die von
Jesaja prophezeit wurde (7,14), die junge Frau aus kö-
niglichem Geschlecht, mit Namen Miriam, Maria aus
Nazaret, einer ganz bescheidenen, verborgenen, kleinen Stadt in Galiläa (vgl. Joh 1,46). Die tatsächliche
christliche Neuheit, die die Frau zu höchster, unver-
gleichlicher und sowohl für die jüdische Auffassung
der Zeit als auch für die griechisch-römische Kultur
unbegreiflicher Würde erhoben hat, nimmt ihren Anfang mit dieser Verkündigung, die Gabriel im Namen
Gottes an Maria richtet. Diese wird mit so erhabenen
Worten gegrüßt, daß sie erschrickt: „Chaire, Ave, sei
gegrüßt, freue dich!" Zum erstenmal erklingt die mes-
sianische Freude auf Erden. „Checharitoméne, gratia

plena, Begnadete"! Die Unbefleckte steht hier vor uns, geprägt von ihrer geheimnisvollen Fülle göttlicher Erwählung, ewiger Vorherbestimmung und strahlender Helle. „Dominus tecum, der Herr ist mit dir!" Gott ist mit Maria, dem Glied der Menschheitsfamilie, das auserwählt ist, die Mutter des Immanuel zu werden, des „Gott mit uns": von jetzt an wird Gott immer, ohne Sinnesänderung und ohne Widerruf mit der Menschheit sein, da er eins mit ihr geworden ist, um sie zu retten und ihr seinen Sohn, den Erlöser, zu schenken: und Maria ist die lebendige konkrete Garantie dieser heilbringenden Gegenwart Gottes.

Aus dem Gespräch zwischen dem auserwählten Geschöpf und dem Engel Gottes ergeben sich für uns noch weitere grundlegende Wahrheiten: „Du wirst ein Kind empfangen, einen Sohn wirst du gebären: dem sollst du den Namen Jesus geben. Er wird groß sein und Sohn des Höchsten genannt werden. Gott, der Herr, wird ihm den Thron seines Vaters David geben ... Der Heilige Geist wird über dich kommen, und die Kraft des Höchsten wird dich überschatten. Deshalb wird auch das Kind heilig und Sohn Gottes genannt werden" (Lk 1, 31 f. 35). Es kommt derjenige, der von Adam her in den Stammbaum Abrahams und Davids eintritt (vgl. Mt 1, 1–17; Lk 3, 23–38): Er steht in der Linie der göttlichen Verheißungen, kommt aber in die Welt, ohne des Weges der menschlichen Vaterschaft zu bedürfen, ja er übersteigt diese auf der Linie des makellosen Glaubens. Die gesamte Dreifaltigkeit ist an diesem Werk beteiligt, wie der Engel verkündet: Jesus, der Retter, ist der „Sohn des Höchsten", der „Sohn Gottes"; der Vater ist anwesend, um Maria zu überschatten, der Heilige Geist ist zugegen, um auf sie herabzukommen und mit seiner Kraft ihren unberührten Schoß fruchtbar zu machen.

Der Engel ersucht Maria um ihre Zustimmung zum Eintritt des göttlichen Wortes in die Welt. Die Erwartung der vergangenen Jahrhunderte ist auf diesen Augenblick konzentriert; davon hängt das Heil des Menschen ab. Der heilige Bernhard verleiht im Kommentar zur Verkündigung diesem einzigartigen Augenblick großartigen Ausdruck, wenn er, an die Muttergottes gewandt, sagt: „Die ganze Welt wartet zu deinen Füßen; das nicht ohne Grund, denn von deinem Wort hängt die Tröstung der Betrübten, die Erlösung der Gefangenen, die Befreiung der Verurteilten, schließlich die Rettung aller Kinder Adams, deines ganzen Geschlechtes, ab. Beeile dich, o Jungfrau, mit deiner Antwort" (In laudibus Virg. Matris, Homilia IV, 8).

Die Zustimmung Mariens ist eine Zustimmung aus dem Glauben. Sie steht auf der Linie des Glaubens ...

Daß wir auf ebendiesen Spuren des tätigen Glaubens Mariens wandeln, dazu lädt uns das Fest der Verkündigung des Herrn ein: es ist ein hochherziger Glaube, der sich dem Wort Gottes öffnet, der den Willen Gottes, worum immer es gehen mag und wie immer er sich bekundet, annimmt; ein starker Glaube, der alle Schwierigkeiten, Mißverständnisse und Krisen überwindet; ein tätiger, reger Glaube, der genährt wird von der lebendigen Flamme der Liebe, der mutig mitwirken will am Plan Gottes mit uns. „Siehe, ich bin die Magd des Herrn" ... Die Antwort Mariens war das volle Echo auf die Antwort des Gottessohnes an den Vater. Ihr „Ja, hier bin ich" ist nur möglich, weil ihm das Ja des Gottessohnes stützend vorausgegangen ist, desjenigen, welcher durch die Zustimmung Mariens der Menschensohn wird. Rom, 25. 3. 1981

27

Meine Seele preist den Herrn

Wir stehen an der Schwelle des Hauses des Zacharias in Ain-Karin. Hierher kam Maria, als sie das freudenreiche Geheimnis in sich trug. Das Geheimnis eines Gottes, der in ihrem Schoß Mensch geworden war. Maria kam zu Elisabet, ihrer Verwandten, die ihr durch ein ähnliches Geheimnis verbunden war. Sie kam, um mit ihr die eigene Freude zu teilen.

Auf der Schwelle des Hauses des Zacharias erwartete sie ein Segen, der die Folge dessen war, was sie von den Lippen Gabriels gehört hatte: „Gesegnet bist du vor allen Frauen, und gesegnet ist die Frucht deines Leibes ... Wohl der, die geglaubt hat, was der Herr ihr sagen ließ" (Lk 1, 42.45).

Und in diesem Augenblick stieg aus ihrem Innern, aus der Tiefe ihres Schweigens, jenes Lied, das die ganze Wahrheit dieses großen Geheimnisses ausdrückt. Jenes Lied, das die Heilsgeschichte ankündet und das Herz Mariens offenbart: „Meine Seele preist die Größe des Herrn ..." (Lk 1, 46).

Heute stehen wir nicht mehr an der Schwelle des Hauses des Zacharias in Ain-Karin. Wir stehen an der Schwelle der Ewigkeit. Das Leben der Mutter Christi auf Erden ist abgeschlossen. Auch an ihr mußte sich das Gesetz erfüllen, von dem der Apostel Paulus in seinem Brief an die Korinther spricht. In Wahrheit „ist Christus von den Toten auferweckt worden, der Erste

Heute hast du die jungfräuliche Gottesmutter in den Himmel erhoben. Als erste empfing sie von Christus die Herrlichkeit, die uns allen verheißen ist, und wurde zum Urbild der Kirche in ihrer ewigen Vollendung. Dem pilgernden Volk ist sie ein untrügliches Zeichen der Hoffnung und des Trostes. Denn ihr Leib, der den Urheber des Lebens geboren hat, sollte die Verwesung nicht schauen.

Präfation, Fest Mariä Aufnahme in den Himmel

Tod Mariä. Mitteltafel eines Polyptychons von Paolo Veneziano, 1333. Vicenza, Museo Civico.

der Entschlafenen ... Und wie in Adam alle starben, so werden in Christus alle lebendig gemacht. Es gibt aber eine Reihenfolge" (1 Kor 15,20.22.23). In dieser Reihenfolge ist Maria die erste. Wer hätte denn mehr als sie „zu Christus gehört".

Und siehe, in dem Augenblick, in dem sich das Gesetz des Todes an ihr erfüllt, das durch die Auferstehung ihres Sohnes besiegt wurde, steigt wieder aus dem Herzen Mariens das Lied, das Lied vom Heil und der Gnade: das Lied von der Aufnahme in den Himmel. Die Kirche legt es in den Mund der in den Himmel aufgenommenen Muttergottes: „Magnificat ..."

Von welcher neuen Wahrheit singen die Worte, die Maria eines Tages bei ihrem Besuch bei Elisabet verkündete: „Mein Geist jubelt über Gott, meinen Retter ... Denn der Mächtige hat Großes an mir getan" (Lk 1,47.40)!

Er hat es von Anfang an getan. Vom Augenblick der Empfängnis im Schoß ihrer Mutter Hanna an, als er sie zur Mutter seines eigenen Sohnes erwählt hatte, hat er sic vom Joch der Erbsünde befreit. Und dann in den Jahren ihrer Kindheit, als er sie ganz in seinen Dienst gerufen hatte als die Braut des Hohenlieds. Und weiter: durch die Verkündigung in Nazaret, durch die Nacht von Betlehem, durch die dreißig Jahre verborgenen Lebens im Haus zu Nazaret. Und schließlich durch die Erfahrungen der Jahre, als ihr Sohn als Messias lehrte, der schrecklichen Leiden am Kreuz und der Morgenröte der Auferstehung.

Wirklich, „der Mächtige hat Großes an mir getan, und sein Name ist heilig" (Lk 1,49). In diesem Augenblick erfüllt sich der letzte Akt in der irdischen Dimension, der zugleich der erste in der himmlischen Dimension ist. Maria preist Gott im Bewußtsein, daß sie dank seiner Gnade alle Geschlechter selig preisen werden, denn „er erbarmt sich von Geschlecht zu Geschlecht über alle, die ihn fürchten" (Lk 1,50)... Hierzu passen die schönen Worte des heiligen Ambrosius, die ich hier gern wiederholen möchte: „In jedem von uns preist Maria den Herrn, in jedem jubelt der Geist Mariens zu Gott. Wenn dem Fleisch nach nur eine die Mutter Christi war, im Glauben gebären alle Seelen Christus. Jede nimmt in Wahrheit das Wort Gottes auf" (Exp. ev. sec. Lucam II, 26).

In den Worten des „Magnificat" offenbart sich das ganze Herz unserer Mutter. Sie verkünden heute ihr geistliches Testament. Jeder von uns muß gewissermaßen mit den Augen Mariens sein eigenes Leben, die Geschichte des Menschen betrachten ...

Müssen nicht auch wir vielleicht mit Maria sagen: Großes hat er an mir getan? Dann was er an ihr getan hat, das hat er für uns und an uns getan. Für uns ist er Mensch geworden, an uns hat er Gnade und Wahrheit gewirkt. Aus uns macht er Kinder Gottes und Erben des Himmels

Die Worte Mariens geben uns eine neue Sicht des Lebens, die Sicht eines beständigen und konsequenten Glaubens. Eines Glaubens, der das Licht des täglichen Lebens, dieser manchmal ruhigen, aber auch stürmischen und schwierigen Tage ist. Eines Glaubens, der am Ende die Finsternis unseres Todes aufhellt.

Castel Gandolfo, 15. 8. 1980

Der „Engel des Herrn"

Die Christen haben seit Generationen den „Engel des Herrn" geliebt, zu dem uns die Kirchenglocken täglich am Morgen, zu Mittag und am Abend einladen.

Durch dieses Gebet ist die Muttergottes geistig in besonderer Weise unter uns. Sie nimmt die Verkündigung Gabriels an und antwortet darauf mit dem Wort tiefen Glaubens: „Selig ist die, die geglaubt hat" (Lk 1, 45).

In diesem ungewöhnlichen Gebet ist Maria als Magd des Herrn gegenwärtig: auserwählt zum höchsten Dienst an der Erlösung. Denn nach dem ewigen Plan der Liebe sollte die Erlösung durch die Menschwerdung des Sohnes vollbracht werden.

Die Magd des Herrn, die wir beim Gebet des „Angelus" umstehen, will unablässig allen dienen. Und sie dient, indem sie die Früchte des ewigen Heils allen Herzen nahebringt ...

„Gegrüßet seist du, Maria, voll der Gnade ..." (vgl. Lk 1, 28). Jedesmal wenn wir diese Worte sprechen, werden wir gewissermaßen zu jenem Erzengel, der die Botschaft gebracht hat. Der ganzen Kirche, die sich zum Gebet des „Engel des Herrn" versammelt, wird das Geheimnis der Verkündigung aufs neue gegenwärtig.

Der Erzengel verkündet Maria zuerst und vor allem, daß sie „voll der Gnade" ist. Ehe er ihr sagt, sie werde Mutter des Gottessohnes, bestätigt er: „Du bist voll der

Gnade." Die ganze Kirche und in ihr jeder von uns macht sich diesen Gruß und diese Botschaft zu eigen. Wie oft im Leben – und besonders beim Angelusgebet – wenden wir uns an die Gottesmutter und sagen ihr: „Du bist voll der Gnade"! Diese Worte verbinden und unmittelbar mit dem Geheimnis der Menschwerdung. Wenn wir sie aussprechen, denken wir an die Gottesmutterschaft der Jungfrau von Nazaret: sie ist ja „voll der Gnade" wegen ihrer Gottesmutterschaft.

Heute sprechen wir die Worte „voll der Gnade" im Gedenken an die Aufnahme Mariens in den Himmel. Die Fülle der Gnade, deren Maria sich aufgrund der Verdienste Christi vom ersten Augenblick ihrer Empfängnis an erfreute, findet ihre Bestätigung in der Aufnahme mit Leib und Seele in den Himmel.

Aufnahme in den Himmel bedeutet die endgültige Vereinigung mit Gott, dem Vater, dem Sohn und dem Heiligen Geist. Die Gnade führt zu dieser Vereinigung und verwirklicht sie stufenweise im irdischen Leben des Menschen; im Himmel aber wird sie endgültig. Der Himmel ist die letztgültige, unwiderrufliche Verbundenheit mit Gott im Geheimnis der Heiligsten Dreifaltigkeit. Die Gnade Gottes bereitet den Menschen auf diesen Zustand vor: die heiligmachende Gnade, alle helfenden Gnaden und alle Gaben des Heiligen Geistes.

Wenn wir am Fest der Aufnahme Mariens in den Himmel beten: „voll der Gnade", dann denken wir an die Fülle dieser übernatürlichen Gaben, die die Muttergottes auf die Verherrlichung im Schoß der Heiligsten Dreifaltigkeit vorbereitet haben. Und zugleich denken wir an die Gnade Gottes, die in jedem von uns wirksam ist. Wir sind in unserem Innern mit einer Gabe beschenkt worden, die die Grenzen des Zeitlichen überschreitet, die Macht der Sünde und des Todes überwindet und jeden von uns auf die Vereinigung mit Gott in der Ewigkeit vorbereitet ...

„Wer der Erste sein will, soll der Letzte von allen und der Diener aller sein" (Mk 9, 35). Diese Worte hat der Herr Jesus zu seinen Aposteln gesprochen. Daran erinnert uns die heutige Sonntagsliturgie.

Wir finden uns hier zusammen, um den „Engel des Herrn" zu beten, und haben diesen Satz im Gedächtnis, wenn wir unsere besondere Aufmerksamkeit den Worten Mariens zuwenden wollen: „Ich bin die Magd des Herrn; mir geschehe, wie du es gesagt hast" (Lk 1, 38).

Die Magd des Herrn. So hat sich die Jungfrau aus Nazaret im Augenblick der Verkündigung selbst bezeichnet.

Durch das Werk des Heiligen Geistes ist sie die Mutter des Gottessohnes geworden. Das war die größte Erhöhung, die der Mensch erreichen konnte. Und gerade angesichts dieser Erhöhung nennt Maria sich Magd; Magd des Herrn!

Wie tief prägt sich doch ihr Dienst in das Geheimnis der Erhöhung durch die göttliche Mutterschaft ein!

Wie treu ist von Anfang an die Mutter dem Sohn, der eines Tages zu den Aposteln sagt: „Wer der Erste sein will, soll ... der Diener aller sein"!

Castel Gandolfo, 15. 8. und 19. 9. 1982

Der Rosenkranz

Den Monat Oktober verbindet die Frömmigkeit der Gläubigen ganz besonders mit dem eifrigen und andächtigen täglichen Rosenkranzgebet, den meine Vorgänger Pius XII. und Paul VI. als eine „Kurzfassung des Evangeliums" bezeichneten. Seit Jahrhunderten nimmt dieses Gebet einen bevorzugten Platz in der Verehrung der Gottesmutter ein, „unter deren Schutz die Gläubigen in allen Gefahren und Nöten bittend Zuflucht nehmen" (Lumen gentium, 66).

Das Rosenkranzgebet ist ein einfaches Gebet, aber zugleich theologisch reich an biblischen Aussagen ...

Im Rosenkranzgebet betrachten wir die wichtigsten Heilsgeschehnisse, die sich in Christus ereignet haben: von der jungfräulichen Empfängnis bis zu den Höhepunkten von Ostern und von der Verherrlichung der Muttergottes. Dieses Gebet ist ein Lobpreis und eine ständige Anrufung an die allerseligste Jungfrau Maria, daß sie für uns Sünder eintrete in jedem Augenblick unseres Lebens bis zur Stunde unseres Todes ...

Wenn wir den Rosenkranz beten, versenken wir uns in die Geheimnisse des Lebens Jesu, welche zugleich die Geheimnisse seiner Mutter sind. Das empfindet man besonders klar bei den Geheimnissen des freudenreichen Rosenkranzes, angefangen bei der Verkündigung, über den Besuch bei Elisabet und die Geburt in der

Nacht von Betlehem, dann die Darstellung des Herrn im Tempel bis hin zur Auffindung dort, als Jesus bereits zwölf Jahre alt war. Mag es auch den Anschein haben, als zeigten uns die Geheimnisse des schmerzhaften Rosenkranzes nicht unmittelbar die Mutter Jesu – mit Ausnahme der beiden letzten: dem Kreuzweg und der Kreuzigung –, dürfen wir dann meinen, die Mutter sei geistlich abwesend gewesen, als ihr Sohn in Getsemani so schrecklich litt, als er gegeißelt und mit Dornen gekrönt wurde?

Auch die Geheimnisse des glorreichen Rosenkranzes sind Geheimnisse Christi, in denen wir Maria geistlich beteiligt finden, allem voran das Geheimnis der Auferstehung. Dort, wo die Heilige Schrift von der Himmelfahrt spricht, erwähnt sie die Anwesenheit Mariens zwar nicht ausdrücklich – aber wie sollte sie nicht zugegen gewesen sein, wenn wir gleich darauf lesen, daß sie sich zusammen mit den Aposteln, die kurz zuvor Christus, als er in den Himmel aufstieg, begleitet hatten, im Abendmahlssaal befand? Gemeinsam mit ihnen bereitet sich Maria auf das Kommen des Heiligen Geistes vor und nimmt zu Pfingsten an dessen Herabkunft teil. Die beiden letzten Geheimnisse des glorreichen Rosenkranzes lenken unser Sinnen unmittelbar auf die Gottesmutter: wir betrachten ihre Aufnahme in den Himmel und ihre Krönung in Herrlichkeit!

Der Rosenkranz ist ein Gebet, das Maria in ihrer Verbundenheit mit Christus und seiner Heilssendung schildert. Zugleich ist es ein Gebet an Maria, unsere beste Fürsprecherin bei ihrem Sohn. Schließlich ist der Rosenkranz ein Gebet, das wir in besonderer Weise mit Maria sprechen, als sie sich auf die Herabkunft des Heiligen Geistes vorbereiteten. Castel Gandolfo, 30. 9. und 28. 10. 1981

Gegrüßet seist du, Maria!

Gegrüßet seist du, Maria, voll der Gnade, der Herr ist mit dir. Du bist gebenedeit unter den Frauen, und gebenedeit ist die Frucht deines Leibes, Jesus. Heilige Maria, Mutter Gottes, bitte für uns Sünder, jetzt und in der Stunde unseres Todes. Amen.

O Maria, ohne Sünde empfangen, bitte für uns, die wir zu dir unsere Zuflucht nehmen!

Das ist das Gebet, das du, Maria, hier an diesem Ort vor nunmehr einhundertfünfzig Jahren der heiligen Katharina Labouré eingegeben hast; und diese Anrufung, die dann in die Medaille eingeprägt wurde, wird nun von so vielen Gläubigen in die ganze Welt getragen und verkündet!

Am heutigen Tag, an dem die Kirche das Fest deines Besuches bei Elisabet feiert, als Gottes Sohn bereits in deinem Schoß Fleisch angenommen hatte, soll unser erstes Gebet dich loben und preisen. Du bist gebenedeit unter allen Frauen! Selig, die du geglaubt hast! Wunderbares hat der Allmächtige an dir vollbracht! Das Wunder deiner göttlichen Mutterschaft! Und daher das Wunder deiner unbefleckten Empfängnis! Das Wunder deines „Fiat"!

Du warst so eng mit dem ganzen Werk unseres Erlösers verbunden; dein Herz wurde durchbohrt an der Seite seines Herzens. Und nun, in der Herrlichkeit deines Sohnes, hörst du nicht auf, für uns arme Sünder einzutreten. Du wachst über die Kirche, deren Mutter du bist. Du wachst über jedes deiner Kinder. Du erhältst von Gott für uns alle Gnaden, die die Lichtstrahlen symbolisieren, die von deinen geöffneten Händen ausgehen. Unter der einzigen Bedingung, daß wir den Mut haben, dich darum zu bitten, daß wir uns dir mit dem Vertrauen, der Kühnheit und der Unbefangenheit eines Kindes nähern. Und so führst du uns unaufhörlich zu deinem göttlichen Sohn.

Und an diesem gesegneten Ort möchte ich selbst dir heute erneut das Vertrauen aussprechen, die ganz tiefe Zuneigung, die du mir stets gnädig geschenkt hast. „Totus tuus – Ganz dir zu eigen." Ich komme als Pilger nach all denen, die seit 125 Jahren in diese Kapelle gekommen sind, wie das ganze christliche Volk, das sich hier Tag für Tag drängt, um dir seine Freude, sein Vertrauen, seine inständige Bitte auszusprechen. Ich komme wie der selige Maximilian Kolbe: vor seiner Missionsreise nach Japan, vor genau fünfzig Jahren, kam er hierher, um deine besondere Hilfe zu erbitten für die Verbreitung seiner „Heerschar der Unbefleckten", wie er sie später nannte, und um unter deinem Schutz sein wunderbares Werk geistlicher Erneuerung. Und ich, demütiger Nachfolger des Petrus, komme, um dir dieses große Werk anzuvertrauen.

Wir weihen dir unsere Kräfte und unsere Bereitschaft, dem Heilsplan zu dienen, den dein Sohn ausgeführt hat. Wir bitten dich, daß durch den Heiligen Geist im ganzen christlichen Volk der Glaube sich vertiefen und festigen möge, daß die Gemeinschaft sich über alle Keime der Spaltung hinwegsetze und daß in allen, die entmutigt sind, die Hoffnung neu auflebe ...

Paris, Kapelle der Wunderbaren Medaille, 31. 5. 1980

31

Fürbittende Allmacht

Maria steht immer im Mittelpunkt unseres Gebets. Sie ist die erste unter denen, die bitten. Sie ist die „fürbittende Allmacht".

So war es auch in ihrem Haus in Nazaret, als sie mit Gabriel sprach. Wir treffen sie dort in tiefem Gebet an. In der Tiefe des Gebets spricht Gottvater zu ihr. In der Tiefe des Gebets wird das ewige Wort ihr Sohn. In der Tiefe des Gebets kommt der Heilige Geist auf sie herab.

Später überträgt sie diese Tiefe des Gebets von Nazaret auf den pfingstlichen Abendmahlssaal, wo alle Apostel – Petrus und Johannes, Jakobus und Andreas, Philippus und Thomas, Bartholomäus und Matthäus, Jakobus, der Sohn des Alphäus, und Simon, der Zelot, und Judas, der Sohn des Jakobus – mit ihr einmütig im Gebet zusammen waren (vgl. Apg 1, 13–14) ...

Der Rosenkranz ist unser liebstes Gebet, wenn wir uns an sie wenden: an Maria. Sicher. Aber wir wollen nicht vergessen, daß der Rosenkranz gleichzeitig unser Gebet mit Maria ist. Es ist das Gebet Mariens mit uns, mit den Nachfolgern der Apostel, die einst den Anfang des neuen Israel, des neuen Gottesvolkes bildeten. Wir kommen also an diesen Wallfahrtsort, um mit Maria zu beten; um zusammen mit ihr über die Geheimnisse nachzudenken, über die sie als Mutter in ihrem Herzen nachdachte (vgl. Lk 2, 19) und über die nachzudenken und die zu betrachten sie nie aufhörte. Denn es sind

MARIA VIRGO ASSVPTAE AD ETHEREV ThALAMV IN QVO REX REGV STELLATO SEDET SOLIO ✠
EXALTATA EST SANCTA DEI GENITRIX SVPER CHOROS ANGELORVM AD CELESTIA REGNA

Allmächtiger, ewiger Gott,
du hast die selige Jungfrau Maria,
die uns Christus geboren hat,
vor aller Sünde bewahrt
und sie mit Leib und Seele
zur Herrlichkeit des Himmels erhoben.
Gib, daß wir auf dieses Zeichen
der Hoffnung und des Trostes schauen
und auf dem Weg bleiben,
der hinführt zu deiner Herrlichkeit.

Tagesgebet vom Fest Mariä Aufnahme in den Himmel

Krönung Mariä. Apsis-Mosaik (1295) in der Basilika Santa Maria Maggiore, Rom.

die Geheimnisse des ewigen Lebens. Sie haben alle eine endzeitliche Dimension. Sie reichen in Gott selbst hinein. In jenen Gott, der „in unzugänglichem Licht wohnt" (1 Tim 6, 16), sind alle diese so einfachen und so zugänglichen Geheimnisse getaucht. Sie sind aufs engste mit der Geschichte unseres Heils verbunden.

Und deshalb bleibt dieses Gebet Mariens, eingetaucht in das Licht Gottes, gleichzeitig immer offen für die Erde. Für alle menschlichen Probleme. Für die Probleme jedes Menschen und zugleich aller menschlichen Gemeinschaften, der Familien, der Nationen; für die internationalen Probleme der Menschheit.

Dieses Gebet Mariens, der Rosenkranz, ist immer offen gegenüber der ganzen Sendung der Kirche, offen für ihre Schwierigkeiten und ihre Hoffnungen, für die Verfolgungen und das Unverständnis, für den Dienst, den sie an den Menschen und Völkern leistet. Dieses Gebet Mariens, der Rosenkranz, ist solcher Art, weil es von Anfang an von der „Logik des Herzens" durchdrungen war. Die Mutter ist ja in der Tat ganz Herz. Das Gebet ist in diesem Herzen entstanden durch die wunderbare Erfahrung, an der es teilgehabt hat: durch das Geheimnis der Menschwerdung.

Gott hat uns schon viel früher ein solches Zeichen gegeben: „Seht, die junge Frau wird empfangen und einen Sohn gebären, und sie wird ihm den Namen Immanuel geben" (Jes 7, 14). Immanuel, „das heißt übersetzt: Gott ist mit uns" (Mt 1, 23). Mit uns und für uns: „um die zerstreuten Gotteskinder zu sammeln" (Joh 11, 52).

Pompei, 21. 10. 1979

Quellenhinweis

Die Texte auf den Seiten 9 f, 28 f, 45 f und 64 f werden nach folgenden Ausgaben zitiert: Die Würde des Menschen in Christus. Die Antrittsenzyklika „Redemptor hominis" Papst Johannes Pauls II. Mit einem Kommentar von B. Häring (Freiburg i. Br. ²1980). – Der bedrohte Mensch und die Kraft des Erbarmens. Die Enzyklika „Über das Erbarmen Gottes" Papst Johannes Pauls II. Mit einem Kommentar von K. Lehmann (Freiburg i. Br. 1981). – Dienst aus der größeren Liebe zu Christus. Schreiben Papst Johannes Pauls II. an die Priester. Mit einem Kommentar von H. U. von Balthasar (Freiburg i. Br. 1979).

Alle übrigen Gebete und Betrachtungen sind mit freundlicher Erlaubnis der Redaktion dem „Osservatore Romano", Wochenausgabe in deutscher Sprache (8.–13. Jahrgang [1978–1983]), 00120 Città del Vaticano, entnommen. Einige Texte und Gebete wurden für den Zweck dieser Sammlung gekürzt und gelegentlich leicht adaptiert.

Für die Überlassung der Bildvorlagen dankt der Verlag Herrn Helmuth Nils Loose (91), Herrn Erich Lessing (55) und Roto Smeets, Weert.

Umschlagbild: Ausschnitt aus dem Schutzmantelaltar von Sixt von Staufen (1521–1524) im Münster U. L. Frau in Freiburg i. Br. (Foto: Bildverlag Freiburg i. Br.)

Karol Wojtyła

Der Rosenkranz

Bilder und Betrachtungen

Dieses kleine, geschmackvoll ausgestattete Buch, bietet neben entsprechenden Texten zu den Geheimnissen des Rosenkranzes Leit-Bilder aus Meisterwerken der christlichen Kunst an.

In einer Zeit, in der viele Menschen wieder Rückhalt und Vertiefung im Gebet suchen – und viele wieder den Rosenkranz beten würden, wenn sie Anleitung dazu finden würden, ist das kleine Buch „Der Rosenkranz" eine Gebets- und Lebenshilfe. (Belgischer Rundfunk)

Der Verfasser, der heutige Papst Johannes Paul II., nennt das Rosenkranzgebet sein Lieblingsgebet, „wunderbar in seiner Schlichtheit und Tiefe". Der Rosenkranz ist wie eine geheimnisvolle Kette, die das Leben Jesu und sein Heilswirken mit den Ereignissen unseres eigenen Lebens verbindet. – Jedem der 15 Geheimnisse ist ein meist mehrfarbiges Bild aus Meisterwerken der christlichen Kunst beigefügt.

(Trierer Bistumsblatt)

3. Auflage 1982, 64 Seiten, geb. ISBN 3-451-19437-6

Verlag Herder Freiburg · Basel · Wien

Karol Wojtyła

Der Kreuzweg

Bilder und Betrachtungen

Die Betrachtungen zeugen nicht nur von der Disziplin, mit der sich einer, der Philosophie doziert und Theaterszenen geschrieben hat, ganz auf das Wort der Schrift beschränkt und dieses Wort auf sich wirken läßt. Spürbar wird auch die ungeheure Sensitivität, mit der Wojtyła auf die Botschaft von der Liebe des Gekreuzigten antwortet: „Der Mensch, der diese Arme betrachtet", gesteht er beim Anblick des sterbenden Erlösers, „muß denken, daß sie angestrengt den Menschen und die Welt umarmen".

Den eindringlichen Texten sind als besondere Kostbarkeit die herben Kreuzwegbilder von Rudolf Kolbitsch aus der Pfarrkirche in Nowa Huta am Rand von Krakau beigegeben. Es ist die Kirche, die Karol Wojtyła 1977 eingeweiht hat und die den stählernen Selbstbehauptungswillen der polnischen Katholiken gegenüber allen staatlichen Pressionen dokumentiert. Die Eisenradierungen sprechen auf drastische Weise die Not des eingezwängten, zerstörten Lebens an, die blutige Wirklichkeit der Welt, aber auch die Hoffnung auf Überwindung. (Regensburger Bistumsblatt)

3. Auflage 1982, 64 Seiten, kart. ISBN 3-451-19391-4

Verlag Herder Freiburg · Basel · Wien